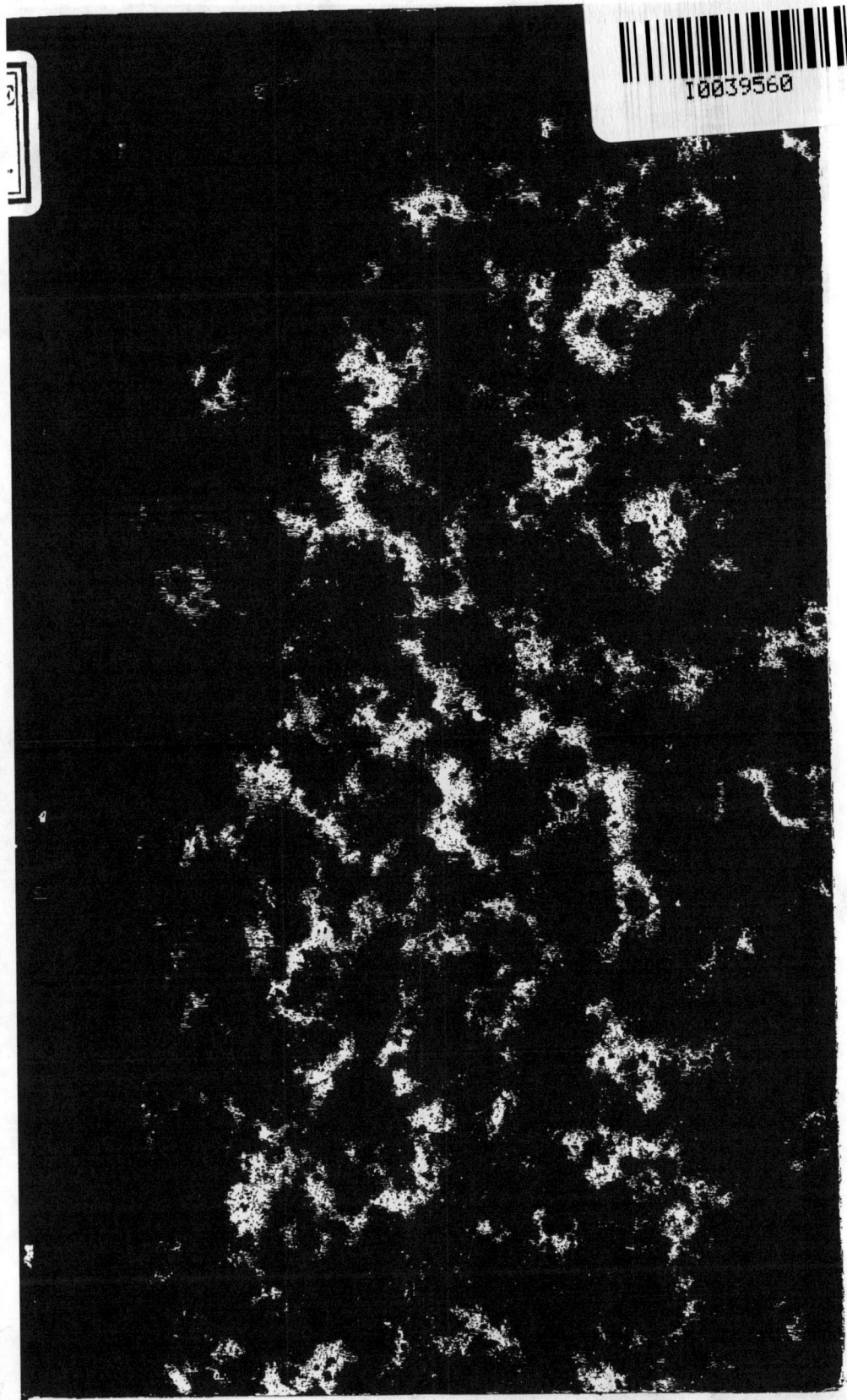

LEÇONS

SUR

LA THÉORIE DE L'ARTILLERIE.

AVIS DU TRADUCTEUR.

En traduisant ces *Leçons sur l'artillerie*, nous avons dû nous attacher à en resserrer le cadre autant que possible, pour ne pas répéter ce qui se trouve répandu dans de nombreux ouvrages ; c'est donc plutôt un extrait que nous donnons qu'une traduction entière de l'ouvrage de l'auteur.

D'après cela, nous avons lieu de croire que nous ne reproduisons que des idées utiles qui pourront profiter aux jeunes officiers de toutes les armes, objet que notre auteur a eu spécialement en vue ; c'est, du reste, aussi le seul but que nous nous sommes toujours proposé, et que nous souhaitons avoir atteint en nous livrant à ce nouveau travail.

AVANT-PROPOS.

L'auteur de ces leçons était depuis longtemps pénétré de la nécessité de changer la forme des études de la science de l'artillerie, et de ne pas commencer comme autrefois par la construction des bouches à feu, la fabrication de la poudre à canon et du salpêtre; mais de considérer la poudre, le projectile et la bouche à feu comme instruments placés entre les mains de l'artilleur, ainsi que le fusil l'est entre les mains du soldat d'infanterie et le sabre entre celles du cavalier, pour répondre aussi complétement que possible au but que les règles fondamentales de la tactique ont assigné à cette arme, et montrer que l'officier d'artillerie doit, plus que ceux des deux autres armes, être avant tout doué des qualités d'un bon tacticien.

Partant de ce point de vue que la science est essentiellement différente de l'art de l'artilleur, on a relié, dans ces leçons, la conduite de la guerre, eu égard aux exigences de la tactique, à l'efficacité et à la mobilité de l'artillerie, en ne perdant pas de vue son organisation.

On a tellement mis en harmonie ces deux éléments d'un système d'artillerie, que l'officier de toutes les armes peut, dans les opérations tactiques, calculer l'effet de la bouche à feu déduit de la force de percussion du projectile, la probabilité d'atteindre le but et la célébrité de son exécution, comme il peut aussi, dans ses conceptions stratégiques, apprécier sa mobilité et la durée de ses mouvements.

Dans un ouvrage particulier sur la technologie militaire, on donnera, avec l'art des bouches à feu, un supplément sous le titre de *Technologie de l'artillerie.*

Avant de publier ces leçons, l'auteur regardait comme nécessaire de donner le jour à un plus grand ouvrage qui traiterait isolément du grand nombre de branches qui composent l'artillerie ; ce ne sera que lorsque ses vues auront été appréciées qu'il traitera cette arme spécialement sous le rapport technique, tactique et systématique.

C'est dirigé par de tels principes que l'auteur a écrit et publié sur l'artillerie plusieurs ouvrages.

Après les soins qu'on s'est donnés pour alléger autant que possible le matériel de l'artillerie, pour le simplifier et augmenter ses effets, et même pour lui donner la mobilité des troupes, on a reconnu la nécessité de séparer dans un ouvrage militaire la partie technique de ce corps de la partie tactique ; par là l'auteur se sent plus en mesure de développer ces leçons, ou au moins de faire connaître aux officiers des trois armes l'état actuel de l'artillerie, et ce qu'elle pourrait être.

Les grands maîtres qui ont fourni les principaux matériaux à ces leçons sont : Gustave-Adolphe, qui allégea l'artillerie, employa le fer dans la fabrication des canons de régiment, et nous fit connaître l'usage des batteries blindées ; Pierre le Grand, qui nous conduisit à l'artillerie à cheval en attachant aux dragons, aux grenadiers à cheval, ainsi qu'aux régiments d'infanterie, quelques bouches à feu que les canonniers suivaient à cheval ; Frédéric le Grand, qui organisa le premier un corps permanent d'artillerie à cheval, et qui donna à son artillerie, sur l'exécution de ses feux, une instruction qui est encore bonne à suivre aujourd'hui ; le comte Wilhelm de la Lippe-Bückeburg, qui fonda une école d'artillerie à Wilhelmstein, où il fut lui-même professeur, et d'où le célèbre général Scharnhorst est sorti ; et Napoléon, qui nous apprit comment on peut décider la victoire par l'emploi de l'artillerie en masse, qui en outre sortit la tactique de l'artillerie du chaos où elle était, en la séparant de la partie mécanique, de la technologie, et fit de l'art des bouches à feu une science militaire.

Indépendamment de ces matériaux, on réunira dans ces leçons tout ce qu'il y a d'intéressant dans les ouvrages connus.

Quant à ce qui touche à la politique et à la philosophie militaire, à la stratégie et à la tactique, on a suivi les principes donnés par Napoléon, par l'archiduc Charles d'Autriche, par le général comte J. Bismark, ceux de Valentini, de Clauservitz, Théobald et de Jomini, qui ont toujours eu devant les yeux la théorie de la guerre.

INTRODUCTION.

C'est l'invention de la poudre qui causa la ruine de la chevalerie, éleva le pouvoir royal, limita les boucheries aveugles des troupes qu'animait une haine de personnes, et qui enfanta l'art militaire. Par elle une nouvelle tactique resserra le cercle des batailles décisives. C'est donc dans cette invention qu'il faut chercher les causes de la création de nouvelles armes offensives et défensives chez les puissances belligérantes, du temps plus ou moins long du service des soldats d'un Etat ; car c'est sur les rapports politiques des puissances les unes avec les autres qu'est fondé le principe de leur résistance, soit qu'elles se trouvent sur l'offensive ou sur la défensive ; et l'état même actuel de l'Europe dépend beaucoup de l'usage convenable qu'on fait des armes à feu, parce qu'avec elles le faible marche de front avec le fort. Un pareil instrument a évidemment une importance profonde dans l'art de la guerre, et principalement dans la tactique.

Nous pouvons conclure de ce que nous venons de dire que c'est sur l'usage des armes à feu que repose l'élément de la formation d'un officier, à quelque arme qu'il appartienne, et la théorie de l'homme de guerre.

On aura toujours devant les yeux, dans cet ouvrage, le principe de tactique suivant lequel augmente le degré d'efficacité des troupes, lorsqu'elles exécutent les manœuvres d'une manière plus régulière, ou bien lorsqu'elles possèdent plus de perfection dans l'usage des armes, et agissent ainsi d'une manière plus uniforme et plus efficace, soit par le choc, soit par le tir. En général on observera aussi le principe par lequel, au jour du combat, celui-là peut être le plus assuré de la victoire qui sait, avant l'attaque, cacher le mieux son plan de bataille, préparer le plus promptement ses troupes à l'attaque, soutenir ses différentes divisions de la manière la plus prompte, la plus facile et la plus efficace, donner la direction et la force les plus convenables à l'attaque, et couvrir plus complétement ses ailes, tant dans l'action que lors de la retraite.

A ces principes, on joindra les vues qui dirigèrent Gustave - Adolphe lorsqu'il punit si sévèrement les irrésolutions de ses troupes; on ajoutera en général tous ces principes de résistance d'après lesquels un bon système de fortification doit leur être intimement lié, pour qu'un Etat puisse, avec le moins de dépenses possibles, et sans déranger en rien ses autres projets, présenter le plus de force.

Par les mêmes raisons, nous étudierons avec soin l'usage de la cavalerie, en ce qui concerne les services qu'elle peut rendre à l'artillerie pour lui faire acquérir la plus grande efficacité possible.

LEÇONS

SUR LA

THÉORIE DE L'ARTILLERIE.

PREMIÈRE LEÇON.

NOTIONS GÉNÉRALES SUR LES SCIENCES MILITAIRES ET L'ART DE LA GUERRE.

Comme les guerres les plus récentes fournissent aux artilleurs des exemples remarquables sur les opérations tactiques et stratégiques, ainsi que sur les conceptions des grandes opérations, nous regardons comme nécessaire de faire précéder nos leçons de quelques vues sur les sciences militaires et l'art de la guerre en général. Ce n'est au reste qu'une esquisse d'un plus grand ouvrage intitulé : *Leçons sur les sciences militaires,* esquisse qui ne sera que le plan général d'une instruction scientifique de l'officier.

L'art de la guerre, sur lequel repose la défense, la sûreté et l'accroissement des empires, est sans contredit la plus grande et la première des sciences; car sans son puissant appui, tous les autres ne pourraient exister; ses progrès, sa décadence font époque. Cette science embrasse la tactique, la stratégie, la fortification, la conduite de la guerre, la politique de la guerre, la formation des armées, la technologie militaire, l'administration militaire et la philosophie de la guerre.

Nous allons exposer les bases de chacune de ces sciences, et, pour que cette exposition soit plus claire et plus sensible, nous y ajouterons des exemples tirés des exemples tirés de l'histoire militaire la plus moderne; nous espérons, par ce moyen, démontrer en même temps l'utilité de l'étude de l'*histoire militaire*.

La tactique nous fait connaître les dispositions et les mouvements des différents corps pour l'attaque, soit par le choc, soit par le feu, soit par les manœuvres des troupes. Elle nous montre encore comment on peut fortifier ces dernières dans une position par des élévations artificielles de terrain. La tactique comprend par conséquent aussi la *castramétation*. Les dispositions et mouvements des différents corps et le maniement des armes sont enseignés par le *règlement;* ils constituent la *tactique élémentaire*. Les dispositions pour l'attaque et l'attaque elle-même constituent *l'art du général; c'est la tactique supérieure ou appliquée*.

Les éléments de tactique s'occupent de l'instruction du soldat isolé pour lui rendre familier l'usage de son arme; puis, de l'instruction de l'homme isolé, ils passent à celle des bataillons, des escadrons et batteries, aux évolutions de régiments, de brigades, et enfin de diversions entières.

Les dispositions et mouvements des corps, la construction des camps et redoutes, reposant principalement sur des opérations géométriques, le maniement des armes sur les principes de mécanique, la connaissance des mathématiques est indispensable à la rédaction d'un règlement d'exercice et à son étude, et par conséquent à tout officier, de quelque arme qu'il soit.

La tactique appliquée ou supérieure, c'est-à-dire *la science du général*, apprend à opposer les différentes armes à l'ennemi sur un terrain convenable pour qu'elles puissent résister, se disposer, mouvoir et combattre aussi avantageusement que possible. Le général atteint son but, soit par l'ordre de bataille, soit par le mouvement des troupes, soit par ces deux moyens réunis.

Napoléon avait, en 1813, à la bataille de Lutzen (Grossgoerschen), disposé son armée entre Lutzen et Naumbourg, et entre Lutzen et Willin. Dans cette position, Lutzen était le sommet d'un angle aigu, l'angle objectif, et Leipzig le but des opérations.

Les Russes et les Prussiens n'avaient mis qu'une faible garnison à Leipzig, et la plus grande partie de leurs troupes étaient concentrées entre Zwerskau et Zeitz, pour s'opposer aux Français postés entre Lutzen et Naumbourg, et c'est là qu'ils attaquèrent les Français avec fureur. Napoléon défendit cette position jusqu'à ce que ceux postés entre Lutzen et Willin, sur les routes qui conduisent de Halle et Mersbourg à Leipzig, eurent atteint ce but de leurs opérations. Une fois en possession de Leipzig, Napoléon, vers le soir, fit marcher sa garde contre l'ennemi fatigué par des attaques répétées, et qui du reste avait épuisé ses munitions; cette charge de la garde fut appuyée par une batterie de 80 bouches à feu. L'ennemi ne put résister à cette attaque et se retira au delà de l'Elster et de la Pleiss; c'était là la position qu'avait choisie Napoléon.

Quand même les coalisés auraient forcé la position des Français entre Lutzen et Naumbourg, ils n'auraient pas empêché leur arrivée à Leipzig; c'est pourquoi ils auraient été forcés de rebrousser chemin pour ne pas être coupés de leur ligne d'opération sur Dresde.

Dans la même campagne, devant Dresde, Napoléon par la concentration de la plus grande partie de ses forces sur le centre et par une canonnade de 60 bouches à feu, contint les corps du prince de Schwartzenberg jusqu'à ce que les deux ailes de ce général fussent refoulées (ce qui eut lieu par des attaques vives et fréquentes et par une tactique adroite), et jusqu'à ce que le corps du général Vandame, qui de Bautzen s'avançait par Neustadt vers Kœnisgtein, franchissant l'Elbe en cet endroit, eut coupé à Budin la ligne d'opération de Dresde à Pirna par Peterswald. Après l'exécution de ces mouvements sur les ailes et le dos des alliés, Napoléon développa son centre pour l'attaque. Le prince de Schwartzenberg, forcé par ce mouvement des Français et par leur attaque sur son front, fut obligé de battre en retraite le plus promptement possible avec son armée de 100,000 combattants bien supérieure en nombre à celle de Napoléon. L'empereur gagna cette bataille par l'habileté des mouvements et de l'attaque.

La fortification passagère apprend à protéger en partie contre le choc et le feu un corps d'armée par des remblais, et à augmenter ainsi sa puissance.

Dans la bataille de Dresde, Napoléon fit défendre les sept barrières des faubourgs par des batteries. De cette manière il repoussa avec peu de monde une armée deux fois plus nombreuse, tint l'ennemi à distance et favorisa le développement de son armée pour l'attaque à sa sortie des barrières.

C'est par la construction des retranchements que les forces inférieures des Français devinrent supérieures à celles des ennemis.

En 1812, à la bataille de Mojaïsk, les Russes avec des forces égales à celles des Français se donnèrent sur eux la supériorité par ce même moyen; ils surent renforcer le point principal de leur ordre de bataille par le secours de la fortification passagère. Ici l'histoire nous montre comment un général en chef heureusement inspiré au milieu d'une bataille et familiarisé avec la science de la guerre, sait, avec ses seules troupes secondées par l'artillerie, fixer la victoire contre un ennemi supérieur.

Dans cette bataille, Napoléon sut se procurer, indépendamment de sa garde, une autre réserve dans les batteries des divisions qui faisaient l'avant-garde et qui, au jour de bataille, rentraient à leurs corps d'armée. Il les réunit et les mit en position devant sa garde. De cette manière il fit avec cinq ou six batteries, dont une était commandée par l'auteur de cet ouvrage, une masse d'artillerie qui fut poussée en avant, lorsque le prince Kutusow, reconnaissant après midi le moment décisif dans l'épuisement des forces de son adversaire, voulut, avec les gardes russes disposées en ordre angulaire, enfoncer le centre des Français. Le feu des deux côtés fut meurtrier, cependant les Russes furent repoussés par cette artillerie dont les pièces étaient si serrées qu'elles ne trouvaient même pas de place suffisante pour leurs mouvements. Bientôt après la bataille fut gagnée par Napoléon.

Ces exemples suffiront pour faire connaître que la tactique d'un ordre élevé comme celle d'un ordre inférieur, se rattache à des constructions géométriques, et que dans une bataille, la main qui dirige joue un rôle essentiel. Ils nous montrent aussi que l'habileté de l'officier dans l'attaque diffère beaucoup de celle du général. Car celui-ci, par ses conceptions, indique au premier la marche qu'il doit suivre pour se porter en avant. Nous voyons en même temps que le domaine de la tactique supérieure, ou la science du général en chef, est limité par la distance à laquelle les bouches à feu ne produisent plus l'effet désiré, et que la tactique consiste en deux parties principales : la formation de l'ordre de bataille et l'attaque.

La *stratégie* enseigne la marche des troupes et leurs dispositions dans les camps, elle ne s'occupe pas de l'attaque. Ce qu'elle prépare est exécuté par la tactique. Elle se fond pour ainsi dire dans celle-ci.

La portée de la vue est ainsi la distance dans laquelle les mouvements stratégiques peuvent se transformer en mouvements tactiques. C'est la science des généraux en chef. Elle nécessite des notions exactes sur la conduite de la guerre, suivant la constitution de son théâtre; et au point où cette science se confond avec la tactique, la promptitude dans l'action est indispensable.

Comme le champ de la tactique, ainsi qu'il a été dit plus haut, est limité par la portée des bouches à feu, la distance à laquelle leur effet peut être exactement jugé représente le champ dans lequel devront manœuvrer l'avant-garde et les troupes de reconnaissance ; on peut l'appeler le champ de la petite guerre. Mais celle-ci est différente de la guerre de partisans ; car ceux-ci exécutent leurs mouvements à des distances qui se trouvent hors de la portée de la vue ; c'est pourquoi la petite guerre comprend la tactique, la guerre de partisans et la stratégie. Cette dernière repose sur les ruses de guerre comme la première repose sur les règles de la tactique.

Les marches d'une armée se déterminent d'après le plan des opérations, de manière à atteindre le but qu'on se propose, soit en réunissant l'armée en masse sur une seule route, et à avancer en repoussant l'ennemi par des chocs successifs afin de le forcer à livrer bataille, soit à diviser ses troupes en armées partielles sur différents chemins, afin de lui faire abandonner le théâtre de la guerre sans livrer une bataille décisive.

La première de ces deux méthodes a été employée le plus souvent par Napoléon; il conquit en s'avançant sur une seule ligne d'opération l'Italie et Vienne, et il atteignit Moscow. Là, trop éloigné de la base de ses opérations et de ses magasins, son armée succomba faute de moyens de subsistances, les habitants du pays s'étant retirés avec l'armée russe.

L'art de Napoléon effectuant de si grandes choses avec une petite armée, consistait principalement à développer les forces physiques et morales de l'homme, élément de l'esprit militaire ; ce qu'il a fait à un haut degré en réunissant les plus grandes masses de son armée autour de sa personne.

Le capitaine de Düring, dans son journal sur le siége de Dantzig en 1813 (Berlin, 1817), nous donne une preuve de cette force extraordinaire de Napoléon à relever le courage et la persévérance de ses troupes dans les circonstances les plus difficiles, à exalter leur imagination, à leur communiquer cet enthousiasme qui passait des généraux à toute l'armée, et même à celle de ses alliés.

Il s'exprime ainsi : « Il doit paraître surprenant qu'une garnison qui n'était qu'un amalgame de différentes nations ait pu soutenir le long espace de dix mois un blocus plein de dangers et un siége où elle eut à épouver les plus grandes misères. C'est un phénomène dont on ne peut citer aucun exemple dans les temps modernes ; tout militaire qui ne l'a point vu ne saurait s'en faire une idée. Cependant cette garnison agit constamment avec une énergie extraordinaire et une unité remarquables dans toutes les circonstances. Dans chaque corps il y eut une émulation de se surpasser les uns les autres **qui** animait tout le monde jusqu'au dernier soldat. »

La deuxième méthode fut suivie par les alliés en 1813 et 1814. Elle exige une armée des deux tiers plus forte que celle de l'ennemi, afin de pouvoir lui opposer une résistance suffisante sur chaque ligne d'opération.

Leur armée, en 1814, s'avança sur trois lignes d'opérations différentes, de Bâle, de Mayence, et de Dusseldorf sur Paris, en prenant le Rhin pour base d'opération.

Napoléon avait réuni la masse de ses troupes à Châlons; il envoya quelques détachements à la rencontre de l'armée de Silésie, sous les ordres de Blücher, qui venait de Mayence, afin d'empêcher la réunion de cette armée sous Vitry; lui-même se porta sous Brienne, où il battit quelques corps de cette armée de Silésie, qui furent ralliés par l'armée principale des alliés sous les ordres du prince de Schwartzenberg, placée auprès de cette ville.

Pendant ce temps les Prussiens ayant fait reculer les Français de Vitry à Châlons, où Blücher réunissait son armée pour marcher sur Paris, Napoléon se hâte d'arriver sur la Marne avec toutes ses forces, bat l'armée ennemie près de la Ferté-sous-Jouare, Château-Thierry et Stoges, et la rejette au delà de cette rivière. Puis, comme l'armée principale des alliés avait passé la Seine près de Nogent, il marche promptement vers Nangis avec toute son armée, bat celle des alliés près de la Seine et l'oblige à se retirer jusqu'à Bar-sur-Aube. Aucune des deux armées alliées n'était aussi forte que celle de Napoléon, d'où est venue leur défaite.

Ces exemples nous font voir que pour avancer sur une

seule ligne d'opération vers le but qu'on se propose, il faut un grand talent dans le général en chef, et que pour s'avancer sur plusieurs lignes, il faut que chaque partie isolée soit aussi forte que les forces totales de l'ennemi, afin que l'une des lignes puisse avancer pendant qu'il attaque l'autre. Mais ces exemples nous font voir aussi que le talent du général vaut plusieurs cent mille hommes.

Les exemples suivants nous montreront que la guerre de partisans repose principalement sur la direction convenable des marches conduites avec ruse, d'après le but militaire et politique qu'on se propose.

Le général Tettenborn reconnut en 1813, lorsque le général Wittgenstein occupa Berlin avec les Russes le 5 mars, l'importance stratégique de Hambourg pour les alliés. Il ne lui était pas inconnu que cette ville était abandonnée des Français. Il s'y porta en traversant le Mecklembourg à marches forcées et y arriva le 18 mars, avec 1,600 Cosaques et quelques bouches à feu.

Un autre général russe, Tschnitschef, ne se trompa point en prenant pour but principal de ses opérations Hesse-Cassel, persuadé avec raison que ce ne serait que par la généralisation prompte et continue d'une guerre nationale que la domination des Français serait éteinte en Allemagne. Lorsque le prince royal de Suède eut construit un pont sur l'Elbe à Rofflau, et qu'il l'eut traversé le 14 septembre avec 2,000 hommes, il pénétra jusqu'à Cassel sans être aperçu des garnisons ennemies, et renversa sans peine du trône le roi de Westphalie pris à l'improviste, en le menaçant du soulèvement des habitants.

Un ennemi qui s'avance sur un Etat doit être arrêté sur la frontière par les fortifications pour donner le temps à la population de prendre les armes et d'organiser la guerre nationale.

La fortification a, depuis la guerre de Trente ans, étendu le domaine des sciences militaires, en acquérant une supériorité qui lui donne une influence décisive sur les plans de campagne. Si nous considérons les forteresses comme des machines qui augmentent la force des armées et rendent un État proportionnellement moins susceptible d'être attaqué, la meilleure position de ces forteresses sous ce point de vue, et leur détermination, rentrent dans la stratégie; car la défense d'un État en dépend. L'art de les bâtir diffère par conséquent beaucoup du système de fortification; l'architecture forme la science fondamentale du premier, la stratégie celle de la seconde. Pour prouver que les anciennes forteresses ne conviennent plus au nouveau système de guerre, nous ne citerons que l'occupation de Dantzig et de Stralsund par les Français en 1813; elle ne put empêcher la marche d'un corps russo-prussien de 8,000 hommes qui se portait de Kœnigsberg sur l'Elbe, le long du lac oriental : car les populations de ces places étaient des cinq sixièmes plus fortes que leurs garnisons, et que l'ennemi du dedans empêchait d'agir contre celui du dehors. Il en résultait aussi plus de difficulté pour la subsistance de ces garnisons.

Les forteresses d'après le nouveau système, telles qu'elles ont été élevées sur le Rhin et le Danube, peuvent favoriser le ralliement d'une armée de 30,000 hommes, et leur défense n'exige que quelques 1,000 hommes seulement, parce que leur développement est peu considérable et qu'il ne doit y entrer que des troupes. Leur force repose sur l'arme la plus puissante, l'artillerie, attendu qu'elles ont des ouvrages casematés à plusieurs étages.

L'insurrection des populations est singulièrement favorisée par ce système de fortification, parce qu'une armée peut se développer facilement en sortant d'un petit espace où elle se retire avec sûreté. Lorsque d'après le général Théobald, on combine ce système de guerre nationale avec les armées permanentes, on est conduit avec certitude à un système de fortification organique intimement lié à la tactique des Etats.

Toutefois l'exemple de la France nous prouve que sans armées permanentes assez fortes, les forteresses ne peuvent arrêter l'invasion de l'ennemi : 130,000 hommes suffirent pour cerner le triple rang de forteresses entre le Rhin, la Moselle et la Meuse. Mais elles ne contenaient que le personnel nécessaire à leur défense; et ne pouvant agir au dehors, elles ne purent empêcher les alliés de marcher sur Paris.

Si nous considérons l'influence de l'établissement des chemins de fer sous le rapport politique et militaire des nations, c'est-à-dire si on les établissait suivant les règles de la stratégie, la science de la guerre prendrait un nouvel aspect, à cause du transport facile et prompt de l'infanterie et de l'artillerie d'un point à un autre. (Voyez sur ce sujet les ouvrages du général Théobald, Stuttgard, 1819 et 1820, et celui d'un anonyme, Glogau, 1835.)

Quelle influence immense auraient sur la force militaire du colosse russe des lignes de chemins de fer entre Saint-Pétersbourg, Wolodga, Tobolsk, Surgut et Ochatsk, puis entre Riga, Moskou, Orembourg et Irkutzk! Avec quelle promptitude des troupes et des subsistances pourraient être réunies sur ces points! Si ces lignes de chemins de fer sont réunies par d'autres qui les coupent perpendiculairement et qui se prolongent dans les limites des frontières de l'ouest de l'empire, jusqu'à Varsovie, Dubno, Jassy, Cerses, Pékerkust, Tiflis et Astracan, les armées provinciales des frontières peuvent être réunies à celles de l'intérieur ou réciproquement, et toutes les forces de l'empire s'accumuler en peu de temps et à peu de frais sur un seul point.

Si à côté de ces chefs-lieux de gouvernement militaire on établit des forteresses d'après le nouveau système, l'empire entier se trouvera couvert d'un réseau de places fortes qui lui procurera le plus haut degré de puissance et en même temps la plus sûre garantie pour le commerce de ces places lorsqu'elles deviendront commerçantes.

Quelque difficile que puisse paraître l'exécution de cette idée sur la défense de l'empire russe combinée avec les chemins de fer, un pareil système peut bien néanmoins nous faire apprécier la science stratégique développée sur une grande échelle.

L'art de la guerre nous donne deux moyens d'empêcher une invasion ennemie : le premier consiste dans le combat, le deuxième dans la dépopulation du théâtre de la guerre.

Le second moyen, employé avec tant de succès en Russie en 1812, ne peut être appliqué à l'Allemagne, beaucoup plus peuplée ; car malgré les ordres très-rigoureux du gouvernement prussien d'incendier les moulins, de détruire les ponts, les puits et les moissons, d'émigrer dans une province voisine à l'approche de l'ennemi et de le repousser des cités, les magistrats de Breslau offrirent en 1813 les clefs de leur ville au vice-roi d'Italie, et les habitants des campagnes non-seulement n'exécutèrent pas les ordres du gouvernement, mais encore offrirent des vivres aux Français.

C'est pour cette raison qu'on cherche à employer une autre méthode, celle d'armer la population, c'est-à-dire d'exciter une guerre nationale.

Cette méthode, toutefois, ne permet la guerre de partisans que dans le pays même. Dans un pays ennemi, la guerre ne peut s'effectuer qu'avec des divisions de troupes réunies qui se dirigent sur le but proposé par plusieurs routes, afin d'empêcher la population de combattre en masse.

L'unité germanique, fortifiée par le lien de la confédération, l'est encore par la nouvelle manière de conduire la guerre. Appuyée sur le principe de l'égalité devant la loi, en Allemagne comme en France, une bonne organisation militaire qui ne permet pas d'ailleurs de s'amollir dans les douceurs de la paix assure le repos de l'Europe. Un Etat qui dépose les armes se soumet sans condition à celui qui conserve les siennes.

Si, d'après le principe adopté pour la composition de l'armée confédérée en Allemagne, nous comptons un demi pour cent pour l'armée permanente, un demi pour cent pour la réserve et un demi pour cent pour les remplacements, tous les Etats réunis de l'Allemagne avec la Bohême, la Hongrie et la Gallicie présenteront une force militaire de 1,220,000 hommes. Si avec cela nous comptons un pour cent pour la landwehr, nous aurons en tout 1,830,000 hommes, force que la France ne peut pas dépasser avec les plus grands efforts, et que la Russie peut tout au plus atteindre.

Quand la France met trois pour cent de sa population sous les armes, elle a une force militaire de 976,827 hommes, la Russie de 1,890,000.

La politique de la guerre considère la comparaison des Etats par rapport à leur position, à leurs frontières, à l'état de leur commerce, aux ressources qu'ils ont, soit pour soutenir eux-mêmes la guerre, soit comme alliés à des Etats belligérants.

La Turquie, le plus vaste empire sur le continent après la Russie, est considérée, par ses vastes frontières de l'embouchure du Danube à la mer Caspienne, qui couvrent une partie de celles de la Russie méridionale, comme alliée naturelle de cette dernière, avec laquelle elle a d'ailleurs des intérêts commerciaux ; et celle-ci a sur elle une grande prépondérance.

Si la Turquie, dans le cas d'une guerre entre l'Allemagne et la Russie, voulait se coaliser avec la première puissance, la Russie apporterait de grands obstacles au rassemblement des troupes turques et à ses flottes dans la mer Noire et la mer Caspienne. Et d'ailleurs, comment l'Allemagne pourrait-elle la dédommager de ses frais et de la perte de son commerce? Mais on ne peut admettre que l'Allemagne fasse jamais la guerre à la Russie, puisque celle-ci peut dépeupler le théâtre de la guerre, comme on l'a déjà vu.

Depuis que Napoléon a envoyé le général Gardanne en Perse pour former avec Fatch-Ali-Schah le plan d'une invasion dans l'Inde, la Perse est entrée dans le cercle des intérêts européens.

La Perse se trouve liée à la Russie, et l'influence anglaise a disparu dans cet Etat, depuis que par le traité de Gulistan (1814) les Perses ne peuvent plus entretenir de bâtiment de guerre dans la mer Caspienne, et que par la paix de Turkmantschai (1828), la Russie a pris pour frontière l'Ararat, qu'elle a fortifié. Elle peut donc, sans qu'on puisse l'en empêcher, déposer une armée à Astrabad, pénétrer en Perse, puis de là inquiéter sérieusement l'Angleterre sur ses possessions dans l'Inde.

La Russie possède une armée et les moyens de l'entretenir; elle peut ainsi prétendre non-seulement à son indépendance, mais encore à obliger par crainte ou par ruse la Perse à la seconder.

L'Angleterre, par ses guerres continuelles contre Napoléon, a épuisé ses ressources, plus que doublé sa dette publique; sa puissance n'est que relative. La Russie lui céda l'honneur coûteux d'élever sur le trône de Perse le prince incapable Muhamed Mirza, sachant bien qu'elle ne pourrait entretenir une armée de 50,000 hommes dans ce pays pour s'en assurer.

L'Angleterre est puissante par ses possessions dans l'Inde; mais elle a contre elle que la marine militaire russe correspond aujourd'hui à la grandeur colossale de cet empire, qu'elle ne le cède ni par son organisation intérieure, ni par son énergie, ni par sa mobilité, à la marine anglaise, qui a perdu sa puissance sur l'Océan, et qui n'a plus aucune influence sur les affaires d'Allemagne; car, par le système adopté dans ce pays, elle ne peut plus prendre à sa solde l'armée des petits princes, comme précédemment, et la flotte russe peut s'opposer au débarquement d'une armée anglaise sur le continent. D'après ces motifs, si l'Allemagne avait la guerre avec la Russie, l'Angleterre ne pourrait plus s'allier à la première : liée par des intérêts commerciaux, elle ne pourrait les interrompre sans danger, et l'Allemagne ne peut leur nuire comme la Russie.

La Russie, par ses colonies américaines sur le grand Océan, ou par ses établissements sur le détroit de Béring, peut étendre son commerce et avoir une flotte dans le grand Océan.

La France pourrait aider l'Allemagne de toute sa puissance dans le cas d'une guerre entre cette dernière et la Russie, et les forces réunies de ces deux puissances seraient certainement supérieures, si la Turquie ne pouvait opérer un contrepoids.

Dans ce cas même, l'Allemagne serait fort embarrassée

d'indemniser la France, attendu que dans les deux pays les obligations publiques des Rotschild sont considérables.

Par ces considérations, jointes au moyen de dépopulation qu'elle possède contre une invasion, il est probable que la Russie ne sera plus attaquée du côté de l'ouest.

Si la France s'allie à la Russie, l'Allemagne est en échec, et ses communications avec l'Angleterre sont coupées. La Suède comme la Turquie est alliée naturelle de la Russie. Il en est de même de la Perse et de la Grèce, au moyen des subsides qu'on leur donnerait. Le Danemarck est, par ses frontières, attaché à l'Allemagne, ainsi que la Hollande ; tandis que la Belgique l'est à la France comme la Hollande à l'Allemagne. L'Italie peut être alliée à la France comme à l'Allemagne. La Suisse n'a aucune influence politique ; nous avons vu comme elle avait maintenu sa neutralité armée en 1815, dans la guerre contre la France. Enfin l'Espagne et le Portugal, se battant alors entre eux, les uns pour le principe monarchique, les autres pour le principe démocratique, ne pouvaient prendre part à une guerre générale.

Dans les Etats où le principe du gouvernement est démocratique, comme en France et en Allemagne, la force militaire est d'une nature défensive. Dans un Etat purement monarchique, comme en Russie, la puissance militaire est au contraire d'une nature offensive.

La formation des armées exige la connaissance de la statistique du pays, le degré d'accord du peuple à son gouvernement, et les forces de ce gouvernement.

Un gouvernement démocratique, où tous les hommes sont égaux devant la loi, n'exige des soldats qu'un petit nombre d'années de service pour que ce service n'influe pas d'une manière fâcheuse sur les rapports civils de l'Etat. Le gouvernement monarchique, au contraire, demande un choix arbitraire de soldats et une durée de service plus longue.

Le principe monarchique se trouve opposé au principe révolutionnaire ou démocratique, le peuple étant toujours disposé à s'opposer à la domination arbitraire du premier; le gouvernement monarchique a besoin d'un appui solide pour résister aux attaques tant du dehors que du dedans; cet appui ne se trouve que dans une armée bien disciplinée et accoutumée à une obéissance passive. L'esprit militaire, dans une pareille armée, est formé par l'habitude; à cet effet, on évite de cultiver l'esprit du soldat, afin d'en bannir le raisonnement. On trouve ces armées dans les Etats qui ne sont pas encore étendus jusqu'à leurs limites naturelles; aussi ils doivent faire la guerre pour s'agrandir.

Le principe du gouvernement démocratique existe dans les Etats qui ont atteint leurs limites naturelles. Il ne nécessite donc dans l'armée qu'une obéissance fixée par les lois. L'esprit militaire se forme dans cette armée par l'étude; il est d'autant plus puissant que l'amour de la guerre est plus développé chez elle.

Les soldats de la première sortent de leurs rapports civils; ils forment une armée permanente, qui fait l'office de police en temps de paix. Ceux de la deuxième conservent leurs droits civils; ils forment une armée nationale, qui est la grande école militaire avec des instructeurs permanents. Ils possèdent des officiers par lesquels les jeunes gens appelés à combattre sont dirigés.

Cette école militaire comptait en Prusse, de 1807 à 1812, 42,000 hommes, d'où sortit en 1813 une armée de 300,000 hommes, qui délivra l'Allemagne, comme en 1793 et 1798 la conscription produisit une armée qui sauva la France.

La formation en 1812 d'une légion russo-germanique com-

posée préférablement des prisonniers westphaliens, fut le
noyau d'une armée nationale, qui se forma après la bataille
de Leipzig, à l'instar de l'armée prussienne.

Lorsque Napoléon franchit en 1812 ses frontières naturelles pour aller en Russie, il perdit sa base d'opération, et
ses forces décroissant à mesure qu'il s'en éloignait, il sacrifia
son armée. Il réveilla par là le sentiment national en Russie
comme en Allemagne, et apprit à ses ennemis la nouvelle
manière de faire la guerre, qui consistait à armer la population pour la faire combattre avec l'armée permanente.

Un système de défense doit donc s'appuyer sur les principes du droit naturel et international : au reste ils sont propres
à l'attaque aussi bien qu'à la défense; mais on doit dans ce
système prendre en grande considération les intérêts et les
droits du peuple. Le peuple, dit Luden, ne refuse jamais de
verser son sang quand il sait pourquoi il le verse. La vérité
de ces paroles d'un philosophe a été confirmée par le peuple
prussien en 1813 et 1814, et l'organisation militaire de
cette puissance comme celle des Etats constitutionnels de
l'Allemagne l'a réduite en pratique.

La *technologie militaire* demande la connaissance de l'u-
sage et de l'effet des armes, ainsi que celle des matériaux
dont elles sont fabriquées. Ces connaissances, unies à la tactique, font entrer le militaire dans la technologie, c'est-à-
dire le conduisent à étudier les conditions que les armes
doivent remplir. En tant que l'action des armes à feu dépend de l'effet de la poudre et de sa fabrication, comme
celui des armes blanches dépend des propriétés de leurs
parties constituantes, leur construction repose en grande
partie sur la mécanique; il devient donc tout à fait nécessaire de former par la réunion de ces connaissances un
corps militaire spécial qui, dans la formation d'une armée,

comme dans l'organisation de la défense, doit avoir la même indépendance que les autres corps, afin que le matériel de l'armée soit construit avec le moins de dépense et dans le moins de temps possible.

Qui pourrait contester que le matériel anglais sorti des mains d'un corps spécial établi à Woolwich en 1808 ne soit le résultat de profondes connaissances dans les sciences dont l'artillerie emprunte le secours.

La subsistance de l'armée dépend des produits du pays où est situé le théâtre de la guerre, de sa population, de l'industrie de ses habitants relativement à la composition des armées.

Dans la guerre de 1812, en Russie, les productions du pays où la guerre avait lieu, ainsi que les ressources laissées en arrière par les habitants qui se sont retirés avec l'armée russe, étaient suffisantes pour entretenir l'armée française et la dispenser de traîner des magasins à sa suite.

Napoléon pouvait ainsi, suivant les règles de la tactique, disposer de tout son monde pour combattre l'ennemi. Mais dans sa retraite sur un pays dépeuplé, couvert de neige et de glace, cette règle de tactique ne peut être suivie, car les moyens de subsistances étant épuisés, il lui fallait envoyer pour fourrager des corps entiers qui réunis eussent arrêté l'ennemi dans sa poursuite.

DEUXIÈME LEÇON.

THÉORIE DE L'ARTILLERIE DEPUIS LA GUERRE DE TRENTE ANS.

La théorie de l'artillerie s'occupe encore aujourd'hui, non-seulement de la construction et de l'usage des bouches à feu, mais encore de la fabrication des autres armes. Elle diffère par conséquent beaucoup de celles de l'infanterie et de la cavalerie, qui se bornent seulement à l'usage le plus multiplié des dernières.

Le mélange qui existe encore parmi les artilleurs des officiers du matériel et des officiers du personnel, nous explique pourquoi les expériences nombreuses qui ont eu lieu jusqu'à présent dans la théorie de l'artillerie n'ont pas encore épuisé tous les sujets qu'elle embrasse.

Dans une artillerie où celui qui dirige veut tout embrasser, l'officier qui exécute se brouille et ne voit rien.

Sous un pareil chef, les progrès de la science sont arrêtés jusqu'à ce qu'un autre qui réunisse aux connaissances nécessaires la force de la conception et l'habitude de la pratique, lui fasse faire un nouveau pas.

C'est par ces raisons que nous voyons des artilleries où le matériel n'est basé sur aucun principe fondamental, d'où il résulte qu'elles sont soumises à des changements continuels.

Ces alternatives de progrès et de stagnation dans la science de l'artillerie sont principalement dus au principe de l'ancienneté. Si donc l'on veut encourager le progrès dans cette science, il faut ouvrir la carrière de l'avancement aux hommes spéciaux, afin de les pousser à l'étude de cette science.

Les fonderies de canon, les forges de l'artillerie, les fabriques de poudre et de salpêtre forment déjà dans plusieurs États des administrations séparées, et sont par là retirées du domaine de l'artillerie.

La théorie de l'artillerie doit s'occuper d'autant plus de ses pièces, comme celles de l'infanterie et de la cavalerie de leurs armes, que la tactique des bouches à feu est des plus difficiles, à cause de la multiplicité de ses éléments et de sa combinaison avec les autres armes; car la bouche à feu étant une voiture, l'artillerie ne peut pas combattre sur tous les terrains.

D'après le principe admis que l'artilleur, comme le fantassin et le cavalier, ne doit pas s'occuper de la préparation de ses armes, aucune école scientifique n'est nécessaire pour lui, et alors la caste qui domine jusqu'à présent l'artillerie s'en trouvera séparée, et la cause qui nuit au développement de la science, détruite.

Les efforts multipliés des différentes artilleries pour alléger leur matériel, les expériences qu'elles en ont faites à la guerre comme dans la paix, et qui tendent à prouver que si on ne doit pas changer leur principe de construction, on peut au moins le rendre plus mobile, nous prouvent que le matériel d'artillerie de campagne créé par Gustave Adolphe et réduit plus tard en système par Gribeauval ne répond plus à la tactique nouvelle.

Les résultats des nombreuses expériences faites dans différentes artilleries prouvent que les affûts construits d'après le système de Gribeauval n'ont pas la même mobilité que ceux qui le sont d'après le système anglais. D'après des essais faits sur un affût du système Gribeauval allégé pour le canon de 6 qui avait été coulé pour la charge du quart du poids du boulet et un affût du système anglais perfectionné en France, tous deux d'un égal poids, le tirage sur une plate-forme fut de 81 livres pour le premier et de 61 pour le second, et sur une prairie horizontale de 228 livres pour le premier et de 181 seulement pour le second. Il en résulte que la dernière bouche à feu a autant de mobilité, attelée à quatre chevaux, que la première attelée à six. (Voyez *l'Artillerie à l'usage des officiers de toutes armes*, Stuttgard, 1831, 1834, 3ᵉ partie, 2ᵉ édition.)

Si nous jetons un coup d'œil sur l'artillerie qui suivait les armées dans les guerres de 1813 et 1814, nous verrons qu'un attelage réduit, a, par son influence sur l'état du personnel en hommes et en chevaux, un avantage très-considérable, tant sous le rapport stratégique que sous celui des finances.

L'armée russo-germanique comptait en première ligne dans la guerre de 1813, 1603 bouches à feu, et dans celle de 1814, 1208. Si la moitié de ce nombre était en canons de 12 et en obusiers, il restait dans le premier cas 801 pièces de 6 et dans le second 604; les affûts étant construits d'après le système Gribeauval, il faudrait dans le premier cas 1602 chevaux et 801 hommes, et dans le second 1208 chevaux et 604 hommes de plus que s'ils eussent été construits d'après le système anglais.

L'officier expérimenté n'ignore pas que des plans d'opération les plus habilement conçus ont échoué faute de subsistances; il est par conséquent du plus grand intérêt pour un général en chef que son artillerie, sans perdre de son efficacité et de sa mobilité, ait des attelages plus faibles, comme il l'est pour l'administration des finances de pouvoir équiper et conserver le matériel avec une diminution d'un tiers dans la dépense. L'artillerie française a surmonté par cette raison sa répugnance pour le matériel anglais en l'adoptant.

Ces améliorations importantes dans le matériel de l'artillerie nous font voir de la manière la plus claire les progrès que la théorie a faits depuis la guerre de Trente ans. Mais elles nous montrent en même temps que cette théorie ne peut s'avancer qu'en réunissant la connaissance des sciences dont elle emprunte le secours à la spécialité de cette arme.

Comme on avait pour but dans la création du système anglais, en 1808, la plus grande simplicité et la plus grande mobilité possible, on a appliqué ce principe au caisson à munitions destiné à suivre la pièce dans le combat.

L'avantage du chariot à munitions russe, qui est de la plus grande légèreté, dans le mouvement et dans son maniement a été saisi par les Anglais; leur avant-train de campagne est un chariot indépendant, qui réuni au caisson selon le besoin forme une voiture à quatre roues.

Je me suis étendu sur la construction de cette voiture dans mon ouvrage ayant pour titre : *Projet d'améliorations dans le matériel de l'artillerie*, Louisbourg, 1827, page 83 à 87. Quant à l'usage des bouches à feu, cette branche de l'artillerie n'a pas fait autant de progrès que l'autre; car il y a peu d'années on ne s'occupait point encore de la théorie de la poudre, dans la recherche des probabilités d'atteindre un but; et à présent dans quelques artilleries on attribue encore les causes des irrégularités du tir à la manière de pointer ou à l'angle de pointage.

On pointait d'abord en mettant l'axe de la pièce dans un plan vertical passant par le but, puis en élevant cet axe au moyen de la hausse proportionnellement à sa distance de la pièce. Cette méthode causait une perte de temps. Malgré mille inventions diverses, on ne put arriver à une certitude quelconque dans le tir.

Le bombardier chercha la cause de ces irrégularités dans l'angle de pointage, et Vega calcula une échelle de hausses à partir du tir parallèle, qui portait le projectile de 100 pas en 100 pas plus loin. Mais l'incertitude du tir restant toujours la même, l'artillerie abandonna les formules et employa le moyen des interpolations qui ne réussit pas mieux. Il en résulta un temps d'arrêt dans la théorie du tir. Mais enfin l'emploi de ces différents moyens dans les écoles amena les artilleurs à reconnaître que la force de la poudre diminuait lorsque la température s'élevait; on fut conduit par là à ce principe, qu'il faut déterminer la force de la poudre à zéro de température et l'éprouver à ce même degré lorsqu'on veut la conserver en magasin. Il résulte de l'influence de cette température sur la force de la poudre que l'échelle des hausses doit être calculée à zéro et varier ensuite selon les degrés de chaleur de l'atmosphère.

Les tables données dans mon ouvrage précité indiquent comment la certitude du tir est augmentée depuis qu'on a observé la théorie de la poudre et l'influence de l'échauffement de la bouche à feu.

Autant les vues ont été différentes jusqu'à présent sur la théorie de la poudre, autant les opinions différaient sur l'usage de l'artillerie. Au moins dans cet état de choses il y avait cela de bon que, sans perdre de vue les règles générales de la tactique et de la stratégie, le talent trouvait un champ vaste pour se déployer. Mais dans une artillerie qui prescrit tout méthodiquement et qui détermine ce qu'on doit faire dans chaque cas possible, l'officier n'est pas libre et l'artillerie est paralysée.

Quelques faits que je vais rapporter, et qui se sont passés sous les yeux d'officiers généraux et supérieurs encore vivants, nous prouveront combien le commandant d'un détachement d'artillerie peut produire de bons effets, lorsqu'il a la liberté d'agir et qu'il le fait d'après les règles générales déduites des principes de la tactique et de la stratégie.

La deuxième batterie d'artillerie à cheval wurtembergeoise, que l'auteur de cet ouvrage avait l'honneur de commander dans la campagne de 1812, en Russie, était attachée à l'avant-garde du troisième corps d'armée française; le 8 août, elle dut s'arrêter au bivouac derrière Rudina, pendant que le général Beurman, qui commandait l'avant-garde, faisait manœuvrer sa cavalerie en avant de cette ville. Pour utiliser ce repos elle envoya un détachement fourrager; mais avant qu'il fût de retour, elle reçut l'ordre de se porter promptement en avant. Elle attela toutes ses pièces avec autant de caissons que le nombre de ses chevaux de trait disponibles le permettait. Placée dans une position convenable, elle produisit tant d'effet qu'après quelques salves de toutes ses pièces l'ennemi fut contenu et les escadrons du comte de Bismark dégagés.

Si en se renfermant dans les principes d'une régularité méthodique, le commandant de la batterie n'eût fait atteler que le nombre de pièces que le nombre de ses chevaux comportait, non-seulement les escadrons du comte de Bismark eussent été compromis, mais encore la cavalerie du général Beurman et par suite le corps du général Sébastiani ; car quelques pièces n'eussent pas produit autant d'effet que toute la batterie.

Le 14 août, après la prise de Krasnoé, la même batterie au lieu de suivre la cavalerie du général Beurman par la droite pour attaquer l'ennemi de ce côté en passant dans des marais d'un accès difficile, prit la chaussée, passa dans le village, et profita d'un moment où les troupes formant l'attaque lui laissèrent un espace libre pour tirer sur l'infanterie ennemie et l'ébranler.

Les exemples suivants nous prouvent combien la maxime adoptée pour la proportion de l'artillerie d'une armée est impraticable, et qu'elle est à charge à l'armée comme à l'Etat. En 1812, la grande armée française comptait, en passant la Vistule, trois pièces par 1,000 hommes. Le 16 août, devant Smolensk, après que l'infanterie et la cavalerie eurent été considérablement diminuées, on en comptait de cinq à six pour 1,000 hommes, parce qu'on avait maintenu les batteries au complet et qu'on n'avait pas reconnu la nécessité d'en laisser en arrière. Après la bataille de la Moskowa, l'effectif s'étant réduit du tiers, on en comptait neuf pour 1,000 hommes.

Dans les guerres de Trente et de Sept ans, l'artillerie n'avait aucune tactique qui lui fût propre ; elle avançait et se retirait méthodiquement avec les régiments ou brigades auxquels se trouvaient attachées deux, trois et jusqu'à quatre bouches à feu.

Napoléon, qui reconnut des effets bien plus décisifs dans la réunion de plusieurs pièces en une batterie, lui donna l'indépendance des autres armes, et réunit plusieurs batteries en un seul corps.

Il put disposer ainsi, un jour de bataille, de 64 à 128 bouches à feu. Dans les opérations défensives, il assura le passage d'une position à l'autre par des batteries, et dans les opérations offensives chaque nouvelle position fut indiquée de la même manière. Cet emploi des bouches à feu donna lieu pour l'artillerie à une tactique dont les traits fondamentaux sont intimement liés à celle des autres armes.

Au jour décisif, un jour de bataille, l'artillerie est soumise rigoureusement comme les autres armes aux dispositions du général en chef; mais lorsque celui-ci, éclairé d'ailleurs, n'a pas une connaissance entière des effets de cette arme, elle ne lui est soumise que conditionnellement, parce que l'intelligence de l'artillerie doit être réunie dans le chef à celle des autres armes, au courage et au génie, et parce que dans l'exécution des opérations tactiques, l'artillerie doit faire consommer les munitions des pièces de l'ennemi sans perdre les siennes, et qu'elle doit indiquer au général en chef le moment d'une attaque décisive, en réunissant à propos sur un point convenable plusieurs batteries.

Quelques exemples nous feront connaître la vérité de ce principe.

Le commandant de la batterie dont il a été parlé plus haut avait, dans cette même campagne de 1812, l'autorisation d'ouvrir tous les jours le combat avec sa batterie, dans la vue de faire consommer les munitions de l'ennemi avant le moment décisif. Le général commandant l'avant-garde le favorisa souvent dans ce projet en faisant exécuter par des escadrons isolés quelques charges à fond sur l'artillerie. Pendant les attaques, il disposait ses troupes pour une affaire sérieuse.

Dans la nécessité d'abandonner sa position, l'ennemi se retirait sans s'arrêter et sans pouvoir prendre position faute de munitions; il en résultait qu'il était obligé de quitter pendant la nuit une position avantageuse prise le soir, et quelquefois de marcher tout le jour suivant pour ne pas s'exposer à être attaqué.

Dans six combats successifs, cette batterie, composée de 6 bouches à feu, engagée contre une qui en comptait 12, ne tira que 607 coups ; ce qui prouve que la supériorité de l'artillerie est moins dans le nombre de ses pièces que dans l'art de ménager son feu.

Les paroles adressées par le général de Tempelhof dans la guerre de Sept ans à un officier d'artillerie très-savant en mathématiques transcendantes, nous font voir que son opinion était qu'un officier de cette arme devait avant tout être tacticien.

Autrefois l'idée prédominante dans toutes les artilleries était qu'il devait être canonnier seulement.

De même que l'officier général, dans différentes branches des sciences de la guerre, a toujours devant les yeux leurs combinaisons dans la pratique pour se diriger dans la conception des plans d'opérations, ainsi l'artilleur, dans l'étude des sciences de l'artillerie, doit principalement avoir présent à l'esprit l'usage des bouches à feu combiné avec les autres armes sur le champ de bataille et sur le théâtre de la guerre ; il ne doit pas s'en tenir à ce qu'il voit dans les écoles pour l'effet et la mobilité de l'artillerie, s'il veut faire des progrès dans la théorie de cette arme, et s'il ne veut pas donner lieu à cette opinion, que l'artilleur ne peut réunir au même degré la connaissance des différentes branches de son métier.

En temps de paix, le meilleur enseignement pour un jeune officier sur la manière d'agir dans la guerre devrait être puisé dans la description des batailles, où il serait fait spécialement mention de l'artillerie, et où il serait expliqué quelle est l'arme qui a porté le coup décisif. Mais comme l'histoire de la guerre touche très-superficiellement à l'artillerie, on n'y trouve rien d'instructif à cet égard. Cependant l'artillerie amenant le moment décisif, et souvent le résultat d'une bataille, elle porte au plus haut degré la puissance d'une armée. Mais si son action n'est qu'indiquée ou même entièrement omise, il faut chercher le rôle qu'elle a joué soit dans le mérite des artilleurs, soit dans les circonstances où, dans les opérations tactiques, ils se sont mis à la disposition des autres armes.

Si les rapports militaires spéciaux et les relations des différentes batailles faites pour chacune des armes en particulier, qui se trouvent dans les archives de la guerre, étaient rassemblés et mis en ordre avec intelligence, et qu'ils fussent communiqués aux jeunes officiers, ils y trouveraient des données précieuses qui leur feraient connaître la théorie de l'artillerie et formeraient leur esprit militaire.

L'artillerie qui doit faire le plus de progrès est celle dont les perfectionnements résultent de l'usage des bouches à feu et dont les projets d'améliorations basés sur les données que fournit l'expérience, sont soumis à un chef éclairé ou à un comité indépendant de ce chef, qui est chargé de les examiner et d'en prescrire les essais; car par là le principe de l'ancienneté perd ce qu'il a de vicieux.

Nous voyons par l'opposition que le général Valière mit à l'adoption des importantes améliorations proposées par le général Gribeauval, combien une autorité élevée quand elle n'est pas éclairée est nuisible aux progrès de l'artillerie.

L'allégement des bouches à feu dépend de la charge de poudre qu'on veut leur donner. Quand Gustave-Adolphe réduisit cette charge à un tiers du poids du boulet, la poudre n'était pas aussi forte qu'elle l'est aujourd'hui, et cependant dans plusieurs artilleries cette charge a été conservée et les bouches à feu construites d'après elle.

L'école d'artillerie anglaise établie à Woolwich devança
à cet égard les autres artilleries européennes; elle fixa la
charge des pièces légères à un quart et allégea ces pièces
proportionnellement.

Quelques artilleries qui adoptèrent la charge du quart,
peut être à cause du peu de consistance de leurs pièces, ne se
crurent pourtant pas obligées à réduire le poids de ces dernières.

D'après Borkenstein (*Système d'artillerie*, Berlin, 1822),
les épaisseurs de métal sont proportionnelles à la super-
ficie de la partie de l'intérieur de l'âme occupée par la
charge. Or, comme les cylindres sont entre eux dans le
rapport du produit de leur hauteur par le carré du diamètre
de leur base, l'artillerie anglaise put ramener les pièces de 6,
de 16 calibre de longueur, au poids de 650 livres sans nuire
à leur conservation, et par suite le poids de leurs affûts, de leurs
roues et de leurs avant-trains, de manière à ce que le tout
ne pesât pas plus de 1279 livres, sans que leur solidité et
leur effet en souffrissent, mais en apportant une grande
diminution dans l'attelage et la dépense.

Les calculs suivants des vitesses initiales et des portées
sous l'angle d'un degré prouvent que la longueur de seize
calibres pour les canons de campagne assure une force de
percussion suffisante avec la charge du quart du poids du
boulet, mesure du Rhin.

			VITESSE INITIALE.	PORTÉE.
Charge de 1/3. Longueur du canon, 16 calibres. Long. de l'âme, 15.	Canons	de 6	1253, 6 pieds.	1441 pieds.
		de 12	1253, 6 pieds.	1494 pieds.
Charge de 1/3. Longueur du canon, 18 calibres. Long. de l'âme, 17.	Canons	de 6	1282, 3 pieds.	1496 pieds.
		de 12	1282, 3 pieds.	1552 pieds.
Charge de 1/4. Longueur du canon, 16 calibres. Long. de l'âme, 15.	Canons	de 6	1162, 5 pieds.	1270 pieds.
		de 12	1162, 5 pieds.	1310 pieds.
Charge de 1/4. Longueur du canon, 18 calibres. Long. de l'âme, 17.	Canons	de 6	1186, 2 pieds.	1314 pieds.
		de 12	1186, 2 pieds.	1358 pieds.

L'opinion du comte de Montalembert sur l'allégement possible de l'artillerie de campagne se trouve ainsi confirmée de la manière la plus éclatante.

La consommation extraordinaire de la poudre de guerre a d'abord fixé l'attention sur ce sujet. Il en est résulté pour la science des découvertes importantes sur ses propriétés et sur ses qualités chimiques. Par suite de ces découvertes on a introduit d'heureuses innovations dans sa fabrication. Après de savantes recherches on trouva, en 1799, un dosage qui donna une poudre d'une force double de celle de 1777.

Les pilons qui servaient autrefois en France, comme ils servent encore aujourd'hui à Berlin et à Dresde pour faire la poudre avec économie, furent employés à triturer les matières premières séparément ; le mélange eut lieu ensuite dans des barils placés horizontalement et mus autour de leur axe, dans lesquels il y avait des balles de plomb ; on la mettait en grains comme aujourd'hui avec des cribles. On peut de cette manière livrer dans le même temps deux fois plus de poudre qu'auparavant. Cette méthode fut perfectionnée plus tard par Champy et en dernier lieu par Congrève.

En France, dans la nécessité pressante d'avoir un nombreux parc d'artillerie, on ne fit pas attention que le fer était, par son bas prix et par ses qualités, le métal le plus propre à la fabrication des bouches à feu.

En fermant les églises on s'empara des cloches qui devenaient inutiles et on en fit des canons.

Mais le fer, plus dense et moins conducteur du calorique que le bronze, en enlève aussi moins à la charge de poudre ; par conséquent l'explosion d'une charge a plus de force dans une pièce en fer que dans une en bronze. La dureté de la première empêche aussi les logements de boulets et assure la justesse du tir. D'où il suit que l'une est préférable à l'autre sous ces deux rapports.

Depuis les progrès extraordinaires qui ont été faits dans la fabrication du fer, on s'est convaincu que l'on pouvait se procurer partout du fer également bon, et des essais scientifiques sur la fonte des canons ont répandu cette conviction.

Ceux d'une opinion contraire, se basant sur des expériences faites avec des canons provenant de la refonte de vieilles pièces en bronze qui ont éclaté, se sont prononcés à plus forte raison contre le fer, sans réfléchir sur l'art des fontes à l'époque où on les a coulées, ni sur la poudre et à la charge avec lesquelles elles ont été tirées.

L'invention des obus à balles par le colonel anglais Schrapnell mérite de fixer l'attention ; car au point où ils éclatent, ils lancent leurs balles avec la vitesse qu'ils ont acquise, et on obtient ainsi aux distances de 600 à 1,000 pas l'effet d'un coup à mitraille tiré sur un but qui ne serait éloigné que de 100 pas.

L'origine de cette invention se trouve dans un accident arrivé dans des expériences où l'on a remarqué qu'un obus qui éclate en sortant de la bouche à feu porte toujours ses éclats en avant. .

L'artillerie suédoise se servait déjà dans la guerre de Finlande d'obus remplis de balles à fusil, non pour produire à une grande distance l'effet d'un coup à mitraille, mais pour augmenter les éclats d'obus.

L'artillerie hessoise essaya autrefois l'emploi des boulets creux, pour combiner l'effet du boulet avec celui des obus ; ils produisirent l'effet de ces dernières.

Les raquettes ou fusées à la Congrève qui, dans les siéges comme en campagne, remplacent les obusiers à la distance de 600 à 1,000 pas et plus, ont donné lieu en Angleterre, en Autriche et en Danemarck à la création d'un corps spécial à pied et à cheval qui doit fournir des résultats avantageux.

L'invention nouvelle des amorces fulminantes a été adoptée dans les artilleries anglaise, hanovrienne, des Pays-Bas et de Nassau. Elle simplifie l'armement des bouches à feu ; aussi mérite-t-elle qu'on s'en occupe.

Il est surprenant que ces diverses innovations n'aient pas été plus généralement adoptées.

Nous avons montré comment l'organisation du matériel par suite des progrès de la théorie de l'artillerie avait peu à peu fait du canonnier un tacticien, du routinier un homme de talent, de l'empirique un savant, et comment de ce changement est sorti le matériel, actuel si simple et si économique auprès de celui de la guerre de Trente ans.

Dans l'organisation du personnel, la théorie de l'artillerie n'a pas encore réussi, en général, à introduire les meilleures combinaisons pour le service de détail.

C'est de là que vient la différence qui existe dans l'organisation du personnel des différentes artilleries de l'Europe. Ainsi, par exemple, chez les unes la spécialité des attelages d'une part, du service des bouches à feu de l'autre, est établie ; chez les autres, ces deux parties distinctes de la batterie sont réunies. D'un autre côté, l'une sert le canon de 6 avec six hommes, une autre avec huit et une troisième avec neuf. Dans la guerre de Sept ans, l'artillerie, comme l'administration de l'armée, recevait son attelage de la main d'un entrepreneur. En temps de paix les pièces étaient remisées. Des exercices avec les autres troupes n'avaient point lieu.

Avec son système de conscription, Napoléon créa le corps du train.

Par là des hommes furent instruits aux détails du service des chevaux, aux manœuvres des pièces attelées, pendant que d'autres s'exerçaient au tir et aux autres branches du service de l'arme.

Ce système d'organisation d'une batterie fut basé sur l'économie, et sur ce principe qu'elle formait une partie intégrante de l'armée et une unité dans l'ensemble.

Napoléon, qui nous a enseigné l'emploi de l'artillerie en masse, ne regardait pourtant pas comme nécessaire de faire exercer l'artillerie par régiment comme les autres armes ; car il formait un jour de bataille une grande batterie de la réunion de celles des divisions et de la réserve qu'il portait en avant par les intervalles de la première ligne.

L'établissement d'un grand nombre de pièces sur un

point donné, au moyen duquel Napoléon amenait un résultat décisif, n'avait pas lieu très-rapidement par le développement au galop de plusieurs batteries réunies. On pourrait le croire de l'artillerie à cheval d'après Decker ; mais une contenance calme de l'ennemi peut lui faire brûler inutilement les munitions, enveloppée comme elle l'est dans un nuage de fumée.

Le système de l'artillerie à cheval russe est en opposition à l'opinion de ce dernier, d'après Bismark.

Car elle veut pour obtenir un effet complet, non-seulement surprendre l'ennemi, mais encore parvenir au plus haut degré d'efficacité ; elle est donc moins prompte dans ses mouvements pour se déployer en ligne. Mais une fois engagée, elle manœuvre très-rapidement et se porte avec la plus grande agilité d'un point à un autre.

Par le système de la landwehr adopté en Prusse, qui ne permet de retenir le soldat qu'un temps limité sous les armes, le soldat du train est mêlé aux canonniers, de sorte que les servants et conducteurs ne forment qu'un seul tout.

Ce principe a été aussi appliqué en France en adoptant le nouveau matériel, et chaque batterie a pour son instruction les chevaux de trait nécessaires pour atteler la moitié des pièces qu'elle doit servir ; jusque-là tout est bien.

Mais à cet avantage peut-on ajouter celui de pouvoir arriver à tout le développement nécessaire de l'instruction dans les deux spécialités ? Peut-il se concilier, dans tous les cas, avec les besoins du service en campagne, puisque surtout, malgré la suppression des officiers et des sous-officiers du train, le nombre des officiers d'artillerie de la batterie est resté le même ? Et, du reste, s'est-on bien rendu compte de ce qui se passe sur le champ de bataille dans l'artillerie à cheval ?

TROISIÈME LEÇON.

SPÉCIALITÉ DE L'ARTILLERIE.

Les armes affectées à une troupe déterminent sa destination et sa tactique. La spécialité de l'artillerie est déterminée par cette raison même.

Dans le temps où le canonnier était tiré d'un corps de métier, et arrivait à l'armée avec un brevet, le feu du canon n'était qu'un épouvantail qui faisait plus de bruit qu'il ne causait de pertes à l'ennemi.

Le but du canonnier était d'obtenir la plus grande portée possible et de se couvrir des feux de l'ennemi par des élévations naturelles ou artificielles du sol. On cherchait à atteindre les pièces opposées. La pesanteur des bouches à feu ne leur permettant pas de suivre les mouvements de l'infanterie, et encore moins ceux de la cavalerie, lorsque ces armes manœuvraient, l'artillerie cessait son feu, par conséquent sa tactique était bornée à celle des siéges.

La lunette, nécessaire pour tirer à de si grandes distances, fut arrachée des mains du canonnier par Gustave-Adolphe, qui allégea ses pièces et les confia aux troupes à raison de deux par régiment ou bataillon. Quelquefois il faisait suivre, dans les combats, la première ligne par les pièces de plusieurs régiments, qui se réunissaient au centre sous les ordres d'un chef particulier. Cette première ligne, dès l'attaque de l'ennemi, s'ouvrait pour laisser à l'artillerie le soin de lui répondre.

Dans la tactique de Gustave-Adolphe, comme dans celle de Napoléon, l'effet de l'artillerie était décisif; le premier décidait la victoire par la réunion de plusieurs bouches à feu en temps opportun, et le second par la réunion de plusieurs batteries.

Dans la tactique de Frédéric le Grand, c'était la cavalerie qui produisait l'effet décisif par la surprise et la vigueur des charges; il reconnut cependant les puissants effets de l'artillerie, et il rédigea dans la guerre de Sept ans une instruction à ses généraux sur ce sujet, comme Gustave-Adolphe l'avait fait pour l'introduction des bouches à feu dans les intervalles des bataillons.

Quelques extraits de cette instruction nous paraissent ici d'autant plus opportuns, que les préceptes de ce grand maître dans l'art de la guerre ne peuvent être assez répandus.

Le roi dit dans l'introduction : « Il est toujours fâcheux » que l'artillerie commence son feu dès qu'elle peut voir l'ennemi, et qu'elle croit l'atteindre. Ni l'assaillant, et encore » moins l'attaqué, n'ont rien à craindre d'un semblable feu, » car il est des deux côtés presque sans effet. Le dernier con- » somme sa poudre sans avantage; le premier perd non-seu- » lement la sienne, mais encore ses mouvements ont lieu » bien plus lentement, et l'ennemi gagne par là le temps » nécessaire pour s'opposer à notre attaque, et réussit même » souvent à la faire échouer. »

Le roi dit dans un autre endroit : « Dès que les canons se » sont avancés à une distance de 6 à 700 pas de l'ennemi, ils » doivent faire un feu vif et continuer ainsi jusqu'à ce qu'ils » soient tout à fait près de lui; car un coup à double boulet,

» à une si courte distance, frappe non-seulement les deux
» lignes de l'ennemi, mais encore il l'effraye par le bruit
» qu'il produit, et son effet lui cause plus d'épouvante qu'un
» coup à mitraille tiré à une trop grande distance. Vous
» devez principalement inculquer ces principes à vos offi-
» ciers, afin qu'ils ne tirent jamais à mitraille à plus de 100
» pas; car autrement les balles s'éparpillent, restent à terre,
» ou passent par-dessus la tête des soldats, et leur font peu
» de mal. Lorsque la cavalerie ennemie attaque et veut pé-
» nétrer dans la ligne, on doit tirer à boulet sur elle, jusqu'à
» la distance de 8 à 900 pas et non autrement; mais cela doit
» être fait avec toute la justesse possible et avec la célérité
» convenable. »

L'artillerie, reconnaissant ce qu'elle pouvait faire, se créa
une tactique pour les siéges par laquelle ses batteries furent
établies aux distances de la place où l'on traçait les parallèles.

Pour le service de la guerre de campagne, les pièces furent
allégées autant que possible, afin de pouvoir suivre les mouvements des autres armes sans les arrêter, et de pouvoir exécuter leur feu aux distances indiquées par Frédéric.

Mais une bouche à feu ne peut manœuvrer que sur un
terrain favorable au mouvement d'une voiture, ce qui fait
que l'infanterie et la cavalerie sont dépendantes d'elle. Cependant, comme elle dépend aussi de ces deux armes, cette
dépendance n'est pas absolue.

Ceci nous conduit naturellement à l'emploi des fusées de
guerre qui ont la même force expansive, et qui n'exigent
aucun attirail de l'artillerie ordinaire.

Ces projectiles ont trouvé accès chez toutes les puissances,
et ils y sont considérés comme un utile supplément à l'effet
dévastateur de l'artillerie; car les fusées des calibres du

boulet de 6 et de l'obus de 7 livres ont autant de certitude dans le tir que les projectiles de ces calibres aux distances indiquées par Frédéric. Elles pourraient donc remplacer dans les batailles les canons et les obusiers, et ôter ainsi à l'artillerie l'obstacle qu'elle oppose aux mouvements des autres armes.

Les trois armes seraient alors en état de combattre sur toutes les espèces de terrain; leur dépendance mutuelle n'existerait plus, seulement il y aurait d'autres rapports à établir entre elles.

Suivant les écrits du major Decker et du général Monhaupt, il paraîtrait que les bouches à feu prussiennes peuvent franchir des fossés de la largeur de quatre à six pieds, d'une profondeur qu'on ne dit pas. Mais il reste encore à lui faire franchir des fossés plus larges, des terrains marécageux, etc., etc., ce qui ne présente aucun obstacle pour l'emploi des fusées de guerre.

QUATRIÈME LEÇON.

DESTINATION DE L'ARTILLERIE.

Les opérations de la guerre consistent à marcher en avant ou en retraite à partir d'un point qu'on appelle base d'opérations. Suivant sa force dans l'armée, l'artillerie agit donc comme les autres armes pour attaquer et renverser, ou pour se défendre et tenir l'ennemi éloigné.

De ce principe général de la tactique résulte pour l'artillerie les destinations suivantes :

Dans le cas de l'offensive, elle doit démolir les ouvrages de fortification, écréter ceux en terre des positions retranchées, et renverser l'ennemi sur le champ de bataille. Dans le cas de la défensive, elle doit contre-battre l'artillerie ennemie, tenir celui-ci éloigné dans les batailles, afin de pouvoir passer d'une position à une autre.

Dans ces deux destinations de l'artillerie, nous reconnaissons d'une part la dépendance mutuelle de toutes les armes, et d'autre part que l'artillerie ne doit avoir que la mobilité nécessaire avec le plus grand effet possible, tandis que dans l'autre cas il suffit qu'elle produise l'effet nécessaire à la distance indiquée par Frédéric le Grand.

De là deux espèces d'artillerie : celle de siége et de place, et celle de campagne.

Au temps où l'on ne connaissait pas encore de corps de cavalerie indépendant, cette dernière était attachée dans un certain rapport aux autres troupes, et les mouvements tactiques des détachements n'avaient pas lieu aussi rapidement qu'aujourd'hui. Un plan d'opération était donc plus spécialement basé sur des combinaisons stratégiques abstraites que sur les règles générales de la tactique; car on ne tenait aucun compte du talent du général en chef, et il manquait à l'armée un état-major général.

Les différentes armes ainsi réunies étaient souvent dans leurs mouvements un obstacle l'une à l'autre.

Dans ce temps-là on n'exigeait pas non plus de l'artillerie de campagne des mouvements rapides; elle était morcelée par deux, quatre, six, jusqu'à huit bouches à feu.

La faible mobilité de l'infanterie l'obligeait à subordonner la sienne à l'effet de ses pièces : elle tirait aux distances de 1200 à 2000 pas contre un ennemi stationnaire. Ses bouches à feu étaient des canons de 3, de 6 ou de 4, de 8 et de 12; elle fut partagée en artillerie pesante et en artillerie légère. Aux canons de 3 jusqu'à celui de 8, on attacha l'obusier de 7 livres, et au canon de 12 celui de 10 livres, quoique l'effet comme l'espèce de tir de ces diverses bouches à feu fût essentiellement différent. L'artillerie de place et de siége avait les canons de 12 et de 24, les obusiers pesants de 10 livres, et les mortiers de 7 jusqu'à 60 livres.

Dans une telle tactique, l'officier général ne pouvait sortir que de l'infanterie. Les officiers de cavalerie et d'artillerie ne pouvaient agir que méthodiquement. Sous Frédéric le Grand, le corps de cavalerie du général Seitlitz, dont le nom vivra toujours dans l'histoire, acquit une telle indépendance qu'on lui attacha de l'artillerie à cheval.

Cette nouvelle organisation donna à l'armée une grande

mobilité, en laissant néanmoins à l'artillerie tout l'effet
désirable.

Napoléon fut le créateur de l'artillerie, en ce qu'il lui
donna, par une nouvelle organisation qui mit les trois armes dans une dépendance mutuelle, une tactique nouvelle.
Il en résulta que l'officier d'artillerie, comme celui des autres armes, fut tacticien et ne fut plus seulement canonnier;
et selon la nature de son talent il put se perfectionner dans
toutes les branches des sciences militaires, arriver à toutes
les fonctions de grade, et prétendre au commandement
d'une armée, ce qui jusqu'alors n'avait point encore été admis en thèse générale.

CINQUIÈME LEÇON.

FORCE MÉCANIQUE DE LA POUDRE.

Le fluide qui se dégage au moment de l'inflammation de la poudre occasionne une pression égale à 14,490 fois celle de l'atmosphère.

Cette force est moindre dans la charge d'une pièce, en raison de la propriété plus ou moins conductrice de la chaleur et de l'électricité du corps qui l'enveloppe.

La diminution de la force de la poudre employée dans les bouches à feu peut être portée à un tiers par suite de l'influence dont il vient d'être question, ce qui est démontré par l'épreuve suivante :

On se servit de deux mortiers, l'un en bronze et l'autre en bois; le forage de la chambre, de l'âme et de la lumière était tout à fait le même dans ces deux bouches à feu.

La forme extérieure de celui en bois formait un bloc; les parois de l'âme ainsi que la surface de son fond étaient couvertes par six couches de vernis de cobalt le plus fin, et les parties extérieures l'étaient par une couche de résine épurée, épaisse d'une ligne. Dans le tir, ce mortier était posé sur une table en bois bien consolidée et isolée par quatre colonnes en verre de trois pouces de hauteur.

Il ne pouvait donc y avoir ni chaleur, ni électricité perdues pour le fluide dégagé de la poudre.

On tira avec chaque mortier 17 coups sur une plate-forme horizontale; la charge était de 100 grains de poudre ; le boulet en fer était massif et pesait 24 loths; l'angle de tir était de 45 degrés.

Terme moyen on obtint les portées suivantes :

Avec le mortier en bronze. . . . . . . 299 mètres.
Avec le mortier en bois. 457

L'influence que l'enveloppe de la charge exerce sur sa force expansive nous explique pourquoi la même charge de poudre correspond à une plus grande action, lorsqu'elle se trouve dans un enveloppe en papier que lorsqu'elle est en contact immédiat avec le métal de la pièce.

Sur 10 coups, on obtenait du mortier éprouvette, sur une plate-forme horizontale, avec une charge de 8 loths, 45 degrés d'élévation et 1 boulet massif de 60 livres, les portées moyennes suivantes :

La charge étant dans un sac en papier. . . . . 1289 pieds.
— dans un sachet en serge. 1255
— sans enveloppe, versée dans la chambre du mortier. 1217

Comme le fer est moins conducteur de la chaleur et de l'électricité que le bronze, les pièces en fer donnent des coups plus sûrs que celles en bronze, ce qui est prouvé par le résultat d'une école de tir qui eut lieu avec des canons de 6 de la même dimension et tirés dans les mêmes circonstances.

La charge pour les deux pièces était, comme de coutume, renfermée dans un sachet de serge.

Le résultat de ce tir fut que sur 100 coups, les projectiles qui touchèrent le but sans ricochet ont été dans la proportion suivante :

	Fer.	Bronze.
Distance de 400 pas.	0,55	0,44
500.	0,48	0,11
600.	0,48	0,25
700.	0,03	0,07
800.	0,07	0,00
900.	0,11	0,03
1000.	0,14	0,02

Le but formait une surface circulaire de neuf pieds de diamètre. Dans cet exercice on employait une pièce en fer et trois en bronze; à chaque distance on tirait 27 coups. Les pièces en bronze étaient changées à chaque distance.

Cette influence de l'enveloppe de la charge sur la force expansive du gaz de la poudre est d'autant plus grande que l'inflammation de la charge est plus instantanée.

Cette vérité est encore confirmée par le tir des armes à feu portatives; l'une d'elles était garnie d'une batterie à piston, l'autre d'une batterie à silex. Nous trouvons pour la probabilité de toucher une surface circulaire de trois pieds de diamètre les proportions suivantes :

Sur 100 coups il y en a qui touchent le but,

	AVEC LE FUSIL	
	à piston.	à silex.
A la distance de 80 pas.	0,90	0,83
100.	0,42	0,36
160.	0,55	0,39

Comme il est prouvé que dans la combustion de la poudre son inflammation instantanée a une influence sur son action, la force de celle-ci diminue d'autant plus qu'elle a reçu plus d'humidité.

Deux poudres de même espèce, mais dont l'une conservée quelque temps dans une cave avait absorbé 0,04229 d'humidité et l'autre conservée sèche en magasin, ont donné au mortier éprouvette, avec une charge de huit loths sous l'angle de 45 degrés, avec un boulet massif de 60 livres, les parties moyennes suivantes prises sur quatre coups :

Avec la poudre du magasin. . . . . . . 1318 pieds.

—   de la cave. 1063

Mais aussi la température de l'atmosphère a une influence marquée sur l'effet de la charge.

On a obtenu avec le même mortier éprouvette même charge et même élévation ; les parties moyennes suivantes prises également sur quatre coups :

Avec une température (Réaumur) de

— 7 à 8 degrés, 1243 pieds.

+ 16 à 18   1151

De même que la température de l'atmosphère a une influence sur la charge de poudre, la température de la pièce influe également sur sa force.

A égale température, égale densité et électricité de l'atmosphère, on obtient, avec le mortier éprouvette ci-dessus, et dans les mêmes circonstances que plus haut, les parties moyennes suivantes :

Avec une température (Réaumur) du mortier éprouvette
>   —   6 à 9 degrés,   1243 pieds.
>   + 15 à 17   1208

Un canon de 6 de 18 calibre de longueur, sous l'angle de un degré cinq huitièmes correspondant à trois quarts de pouce, donna les portées moyennes suivantes :

A une température (Réaumur) de la pièce,
>   + 10 à 17 degrés,   646 pas.
>   + 19 à 22   613

Tous ces faits ont été relatés dans l'ouvrage intitulé : *L'Artillerie pour les officiers de toutes armes*, tome III, Stuttgard, 1831-1834.

SIXIÈME LEÇON.

DE LA PORTÉE NORMALE ET DE LA PLUS GRANDE PORTÉE DES PIÈCES DE GROS CALIBRE SUR LE CHAMP DE BATAILLE.

La portée normale des pièces de gros calibre diffère beaucoup de la plus grande portée qu'on puisse obtenir. La première détermine la distance à laquelle le projectile, à charge ordinaire, atteint le sol sur un plan horizontal en faisant le premier ricochet lorsque l'axe de la pièce se prolonge parallèlement au plan horizontal qui se trouve entre l'emplacement de la pièce et le but. Il tombe, d'après le calcul donné dans la 11e leçon, à une distance de 1270 à 1552 pieds — 464 à 567 pas de deux pieds trois quarts, mesure d'Allemagne. La portée de la vue (1), qui permet d'observer et de faire exécuter les mouvements stratégiques, donnait anciennement la distance de la plus grande portée de la grosse artillerie. Pour y atteindre, il fallait donner à la pièce un angle d'élévation assez grand pour que le projectile décrivît une parabole sous laquelle les troupes pla-

---

(1) Dans l'étendue de laquelle les mouvements stratégiques se changent en mouvements tactiques.

cées à une distance de 600 à 1200 pas pussent sans danger exécuter leurs mouvements ; c'était là le champ dans lequel on se trouvait sous le canon et où la cavalerie, par la vitesse qui lui est propre, exécutait ses mouvements pour se former et se disposer à l'attaque.

Comme la portée de la vue est une distance qu'on ne peut déterminer ; qu'en outre le tir a peu de justesse à la distance de 1000 pas (voyez la Ve leçon) ; que l'angle d'élévation qu'on est obligé de donner à la pièce pour atteindre le but à cette distance est si grand, que la parabole décrite par le projectile passe par-dessus un mur de neuf pieds de hauteur, la cavalerie (1) qui parcourt 714 à 740 pas en une minute, lancée au galop, se trouve donc, lors de la formation pour l'attaque, à 700 pas des pièces à l'abri des coups, et avance ainsi dans l'espace de trente secondes jusqu'à 400 pas, et pour arriver à ces dernières elle n'est plus exposée qu'à un seul coup. De là la perte peu considérable de la cavalerie dans ses attaques contre l'artillerie, et les grandes pertes qu'elle éprouve dans des évolutions difficiles et de longue durée exécutées sous son feu pour préparer l'attaque.

L'artillerie doit donc surtout éviter d'avoir devant son front un espace qu'elle ne peut pas battre, vu que la pièce de 6 ne produit de l'effet qu'à la distance de 600 à 700 pas, comme il est démontré dans la Ve leçon ; que d'après le calcul donné dans la seconde leçon la portée des pièces de 12

---

(1) Voyez pour la partie la plus importante de la cavalerie en campagne, l'écrit du colonel Reinhart, publié après sa mort par le lieutenant Batz, Stuttgard, 1823.

ne diffère guère de celle des pièces de 6; que les éclats des
obus de 7 et de 10 livres, avec la charge d'une livre se dis-
persent en un cercle qui a pour diamètre tout au plus 1200
pas. Il est de rigueur, d'après la règle donnée par Frédéric
le Grand et contenue dans la IIIe leçon, que l'artillerie sur
la défensive laisse approcher l'ennemi à 700 pas, pour ne
pas consommer inutilement ses munitions, et sur l'offensive, de commencer le feu sur son front à la même distance,
sans démonstrations tactiques exécutées d'après sa position,
et de le continuer jusqu'à ce qu'il soit à la distance de 600
pas, pour donner aux autres armes, couvertes par ce feu, le
temps de se préparer et de l'empêcher, s'il a pu reconnaître
les dispositions de la première attaque, d'y mettre obstacle.

    La distance de 700 pas est donc la plus grande portée
pour les pièces de campagne, d'autant plus qu'à cette distance elles ont un effet décisif, et les fusils un effet tout à
fait accidentel : si le coup manque la première ligne, il
frappera toujours, selon la nature du sol, la seconde ou la
troisième.

SEPTIÈME LEÇON.

DU VENT DES BOUCHES A FEU.

La différence du diamètre de l'âme de la pièce à celui du projectile laisse dans la première un espace qu'on appelle le *vent*. Dans les premiers temps où l'on faisait l'application du principe des proportions dans toutes les circonstances, où l'on fixait tout d'après le diamètre du boulet, où l'artillerie avait sa mesure particulière (le calibre), le vent était également fixé d'après le diamètre du boulet.

Le résidu de la poudre brûlée qui s'attache aux parois de la pièce (composé de nitrate de potasse et de soufre) en établit la nécessité, parce que les substances métalliques qui se forment des alcalis par le développement d'une forte chaleur et de l'électricité, ne deviennent liquides et ne peuvent être dissoutes qu'après être restées exposées au contact de l'oxygène de l'air. Dans le feu ordinaire, l'espace dans lequel les coups se succèdent est déjà trop court pour que la potasse qui s'attache aux parois de la pièce puisse être dissoute par le contact de l'air : de là résulte la diminution du diamètre de l'âme dans un feu continuel et la nécessité du vent.

L'épaisseur des couches de potasse qui se superposent dans un feu accéléré a donné l'idée de suspendre à chaque affût un seau (appelé vulgairement seau à rafraîchir) pour hâter par le secours de l'eau la dissolution des résidus de la poudre, et non pour rafraîchir la pièce ; car pour faire baisser d'un degré seulement la température d'une bouche à feu chauffée par le feu, six seaux d'eau froide suffiraient à peine.

Dans le principe, le vent était très-considérable, à cause de la mauvaise qualité de la poudre et de l'imperfection des pièces.

Gustave-Adolphe le réduisit à un vingtième du diamètre du boulet.

Supposé le diamètre du boulet de   6 livres de 30 lignes.
     —   de 12   —   40
     —   de 24   —   50

Le vent serait,

Pour la pièce de   6, de 1,5 lignes.
     —   de 12, de 2,0
     —   de 24, de 2,5

Quand l'artillerie eut rejeté les divisions du calibre et adopté la mesure ordinaire du pays, et qu'elle eut reconnu que les cylindres sont en général entre eux comme les produits de leurs hauteurs par la surface des bases, elle adopta pour le vent des pièces une mesure générale, qui est pour les différents corps d'artillerie de quelques points de plus ou de quelques points de moins qu'une ligne. Comme le résidu de la poudre diminue avec la diminution de la charge, le vent peut être moindre dans les obusiers et dans les mortiers que dans les canons, à cause de leur charge moins forte.

HUITIÈME LEÇON.

DU RECUL DES PIÈCES.

Le recul a lieu parce que la charge exerce la même pression en avant qu'en arrière, et qu'elle repousse par conséquent la bouche à feu à une distance de plusieurs pas; mais ce mouvement n'exerce aucune influence sur la direction du coup. D'Arcy l'a démontré en faisant suspendre un canon dans une position horizontale par des cordes, et en plaçant à une certaine distance en avant une cible en tôle, de manière que l'axe prolongé de la pièce passât par son centre. Le coup a frappé ce dernier, quoique la pièce décrivît un arc considérable.

Bien que le recul soit si fort que la pièce doive être ramenée en ligne après chaque coup, il ne diminue cependant pas la portée, puisqu'il n'exerce aucune influence sur la direction du projectile, ainsi qu'il est démontré, vu que ce dernier est déjà sorti de l'âme lorsque le recul commence. Ceci a été également prouvé par les expériences du comte de Lippe-Buckebourg, et par celles faites à Woolwich en 1777, et en Hanovre en 1775, 1800 et 1801.

Par ces raisons, le recul à charge égale et dans des circonstances égales, est le plus fort lorsque la direction ou l'axe de la pièce est parallèle au sol sur lequel elle se trouve placée, et diminue à proportion que l'angle formé par l'un

et par l'autre est plus grand, parce que la force répulsive
de la charge exerce dans la même proportion une pression
vers le sol, comme nous le remarquons pour le mortier,
qui ne recule pas après le coup, mais qui, par suite de sa
pression sur celui-ci, rebondit en arrière.

Si les pièces de gros calibre avec le même rapport entre
le poids du boulet et celui du canon et de l'affût, reculent à
proportion plus dans les mêmes circonstances que les pièces
de petit calibre, il faut en attribuer la cause à la résistance
de l'air, qui augmente dans un rapport plus grand que le
carré de la vitesse avec laquelle ce dernier est repoussé, et
qui par conséquent croît dans une proportion plus grande
que la charge et sa force de dilatation.

Pour les pièces de campagne, le recul est, selon la nature
du sol, de 7 et tout au plus de 14 pieds.

Quoiqu'il n'exerce aucune influence sur la direction et la
portée du coup, il a cependant deux inconvénients, savoir :
celui de contraindre à ramener continuellement la pièce
en ligne ou dans l'embrasure, et la nécessité qui en résulte
d'élargir les terre-pleins des remparts, ainsi que la profondeur que l'artillerie doit occuper sur le champ de bataille.
A la première vue de ces inconvénients du recul, nous
pourrions concevoir l'idée de rejeter toutes les dispositions
qui l'augmentent ; mais comme ces derniers ont pour but
de faciliter les mouvements de l'artillerie, par la diminution
du poids des pièces, l'inconvénient de les avancer à une
plus grande distance est subordonné à l'avantage d'arriver
plus promptement sur le terrain au moment décisif avec des
pièces dont le poids est diminué, qu'il serait possible d'y
arriver avec des pièces plus pesantes, d'autant plus que
pour avancer une pièce plus lourde il faut plus de force, et
par conséquent plus de temps.

NEUVIÈME LEÇON.

DU FOUETTEMENT DE LA VOLÉE DU CANON.

Il y a deux raisons qui occasionnent au canon un mouvement de pression sur la vis de pointage après chaque coup : d'une part, c'est le fluide élastique qui, au moment de l'inflammation de la charge, occasionne une pression; d'autre part, c'est le gaz de la poudre qui, s'échappant par la lumière, presse également contre la partie inférieure de l'âme, et comme rien ne s'oppose à ces deux pressions, elles se réunissent pour agir sur la vis de pointage, qui, par son élasticité, la repousse d'autant plus que la culasse a moins de prépondérance, et que les tourillons éprouvent moins de frottement dans leurs encastrements.

La même cause qui fait que le vent n'a aucune influence sur la direction du projectile existe aussi dans cette circonstance, car il y avait dans l'artillerie hanovrienne et autres des pièces du même calibre et de la même longueur, mais avec des prépondérances de culasse différentes, qui tiraient également juste.

DIXIÈME LEÇON.

DES DIFFÉRENTES ESPÈCES DE TIR DES BOUCHES A FEU.

Suivant l'espèce et l'usage des pièces, le tir reçoit des dénominations différentes : on appelle coup de plein fouet, celui qui est tiré avec la charge réglementaire et le projectile qui lui est propre. Lorsque la charge est moindre, on tire à ricochet, quelle que soit l'inclinaison de la pièce. Il y a encore le tir parallèle, le tir de but en blanc, le tir courbe, ou avec hausse, le tir roulant, le tir de bricolle, et le tir exécuté avec le quart de cercle, selon que le but est à la même hauteur que la pièce, ou qu'il est plus ou moins élevé; il y a le tir horizontal, le tir montant, le tir plongeant, suivant la position relative du terrain; il y a en outre des coups rasants et des coups fichants.

Il y a encore, suivant la position de l'ennemi, des feux directs, obliques, de flancs, d'enfilade et croisés. Et suivant la nature du projectile, il y a le tir à boulet rouge et à boulet froid, le tir à mitraille, à obus, à obus à balles, et le tir à bombes. Enfin il y a des coups positifs ou négatifs, selon que la ligne de mire naturelle passe au-dessus ou au-dessous du but.

La mitraille n'est tirée que par le canon ou l'obusier;

l'obus l'est par toutes les pièces. Le boulet ne se tire ordinairement qu'avec le canon, et dans l'occasion aussi par le mortier, comme l'a fait l'artillerie française en 1832, à la prise de la citadelle d'Anvers. Il peut aussi, en diverses circonstances, être lancé avec l'obusier.

Dans les Etats où il y a un corps de fuséens, les soldats qui le composent sont exercés, suivant ce qui a été dit dans la deuxième leçon, aux différents tirs ci-dessus avec les fusées.

Chaque coup a encore une dénomination, suivant la pièce par laquelle il est tiré : ainsi on dit coup à boulet ou à mitraille de 6, 8, 9, 12, 18 et 24, etc., selon que le canon est de l'un de ces calibres ; de 7, 8, 10 livres pour les obusiers, et de 7, 10, 30, 60 livres pour les mortiers.

Le poids du boulet indique le calibre de la pièce ; les boîtes à balles sont, dans quelques artilleries, comme par exemple en Autriche, d'un poids égal à celui du boulet, et dans d'autres, d'un poids qui va jusqu'aux quatre cinquièmes au delà de celui de ce dernier.

Le choix et le nombre des balles qui entrent dans la composition de la boîte varient selon les pays.

En voici un aperçu :

ARTILLERIE.	PIÈCES.	LA BOITE CONTIENT EN BALLES.			
Autriche (1). . .	Canon de 6	28 b. de 6 loths, ou 60 b.	de		3 l.
Id.	Id. 12	28 de 12	114	de	3
			ou 32	de	12
Id.	Id. 18	28 de 18	84	de	6
Id.	Id. 24	28 de 24	114	de	6
France (2). . . .	Id. 8	41 de 10	»		»
Id.	Id. 12	41 de 15	»		»
Pays-Bas (3). . .	Id. 6	41 de 6,27 loths, ou 114	à		3 l.
Id.	Id. 12	41 de 138	»		»
Wurtemberg (4).	Id. 6	42 de 6	»		»
Id.	Id. 12	42 de 12	84	à	6
Saxe (5).	Id. 12	48 de 8	»		»
Id.	Id. 6	41 de 6	»		»

Quant aux boîtes à balles des obusiers, les variations sont aussi grandes : dans quelques corps d'artillerie, leur poids, lorsqu'elles sont remplies, est le même que celui de l'obus; dans d'autres, il est plus considérable, ce qui résulte du tableau suivant :

---

(1) *Art militaire*, de Hauser, Vienne, 1818.
(2) *Etat actuel de l'artillerie de campagne en Europe*, par Jacobi.
(3) *Idem.*
(4) *Idem.*
(5) *Leçons sur l'artillerie*, par Rouvroy, Dresde, 1818.

ARTILLERIE.	OBUSIERS.		LA BOITE CONTIENT.		
Autriche. . .	Obusier de 7 livr.		57 chevrotines à 6 loths (1).		
Id.	Id.	10	57	id.	à 10
France. . . .	Id.	7	64	id.	à 10
Id.	Id.	10	64	id.	à 15
Pays-Bas. . .	Id.	7	56	id.	à 13,8
Wurtemberg.	Id.	10	64	id.	à 12
Saxe.	Id.	8	64	id.	à 8

Les obus et les bombes ont presque le double du poids indiqué par la dénomination de la bouche à feu.

ARTILLERIE.	BOUCHES A FEU.		POIDS DES BOMBES ET OBUS.		
Autriche. . .	Mortier de	60	» 108 l.		» l.
Id.	Id.	30	» 54		»
Id.	Id.	10	» 28		»
Id.	Obusier de	10	» »		18
Id.	Id.	7	» »		16
France. . . .	Mortier de	70	150 à 154		»
Id.	Id.	50	98 à 102		»
Id.	Id.	30	62 à 64		»
Id.	Id.	10	22 à 24		»
Id.	Obusier de	10	» »		22 à 24
Id.	Id.	7	» »		13 à 14

(1) Ces données sont puisées des ouvrages ci-dessus de Jacobi et Rouvroy.

Les obus à balles vides sont plus légers et remplis plus pesants que l'obus du même calibre, mais moins que le boulet plein de ce calibre.

POIDS DES OBUS A BALLES ANGLAIS.

(D'après Glünder.) (1)

BOUCHES A FEU.	POIDS		CHARGE en BALLES de plomb.	CHARGE en poudre.
	vides. — remplis.			
Obus de 8 pouces.	33,18 l.	61,06 l.	563 balles.	30 loths.
Caronade de 68	33,18	61,06	563	30
Canon de 32.	14,38	25,34	286	14
Id. 24	10,62	20,87	208	12
Id. 18	6,9	15,0	165	10
Id. 12	5,44	9,87	96	9
Id. 9	3,8	7,5	76	7
Id. 6	2,5	4,87	50	5
Id. 3	1,44	2,5	22	3
Obusier de 5 1/2	10,62	20,87	208	12

Si nous recherchons les diverses dénominations à donner aux différents tirs, eu égard à la trajectoire, à la position du terrain en avant de la pièce, à la construction de cette dernière, à sa distance du but et au pointage, nous trouvons :

---

(1) Voyez le journal militaire ayant pour titre : *Archives des officiers du corps d'artillerie et du génie prussien*, 3ᵉ année, Berlin, 1837.

le tir à boulet plein, le tir horizontal, les tirs montants et plongeants, les feux directs, obliques, de flancs et croisés, les tirs rasants, fichants et négatifs, que l'on applique à tous les canons, comme par exemple le tir parallèle de 6, de 12 et autres.

Pour le tir parallèle, la ligne de mire a, b, fig. 1, pl. Ire, prolongée du dessus de la plate-bande de culasse au-dessus du bourrelet, va couper le terrain à quelques centaines de pas en avant de la pièce en x, y ; mais l'axe de celle-ci d, c, prolongé jusqu'au but c, f, c, h, est la partie du tir parallèle.

Tant que la trajectoire c, f, ne coupe pas la ligne de mire a, g, déterminée par des diamètres égaux de la plate-bande de culasse et du bourrelet, le coup est rasant, parce que le projectile jusqu'au point g, où il commence à s'abaisser, ne s'élève pas au-dessus de la hauteur d'un homme placé sur la ligne x, y.

La portée s'agrandit encore par l'augmentation de l'angle de tir b, k, c.

Tous les coups dont la trajectoire traverse la hauteur du but de g à f se nomment, dans nos écoles, coups parallèles ou avec hausse négative, parce qu'avec les canons dont le diamètre du bourrelet est moindre que celui de la plate-bande de culasse, on est obligé, pour agrandir le premier, d'y ajouter une hausse b, i, qu'on appelle hausse négative, afin de pouvoir diriger le projectile sur le but.

Lorsque la hausse b, i diminue, comme la trajectoire du tir parallèle est une parabole et touche la ligne de mire en g, ce tir devient un tir courbe. On le distingue par conséquent du tir de but en blanc et du tir avec hausse en ce qu'il n'y a point d'espace parcouru par le projectile qui ne soit battu, comme la chose a lieu dans le tir de but en blanc en

k, g, fig. 2, et dans le tir avec hausse de k à y, dans lequel le diamètre de la plate-bande de culasse est augmenté par la hausse positive a, i. On pourrait ainsi confondre ces différents tirs sous les dénominations générales de tirs rasants, tirs courbes et tirs paraboliques; ces derniers exécutés avec le mortier, qui ne peut être pointé en visant seulement sur la bouche à feu.

Comme nous avons substitué les dénominations de tirs parallèles, tirs négatifs à celles plus générales de tirs rasants, tous les autres s'y rapportent : ainsi, par exemple, le coup rasant est horizontal lorsque la plaine x, y, fig. 1, est horizontale; et il est roulant lorsque cette plaine s'étend sans être accidentée, de manière que le projectile, par ses ricochets, puisse aller jusqu'à 2,100 pas plus loin que h, fig. 4, pl. Ire.

Lorsque la plaine x, y, fig. 5, pl. Ire, s'incline sur l'horizon A, D, c'est alors un coup incliné ou fichant, parce que le boulet s'enterre dans la plaine horizontale y, z; mais si elle s'élève au-dessus de l'horizon A, D, c'est un coup montant et rasant, un coup rasant parce que le chemin que parcourt le boulet dans la plaine x, y, fig. 5, est le même que celui de la fig. 1. Supposons la ligne D, C, fig. 5, prolongée jusqu'à d, où serait un épaulement, alors le coup montant est aussi un coup fichant, mais non un coup rasant.

Suivant l'angle d'élévation, d'après lequel le projectile frappe le but ou le front de l'ennemi, on ajoute à la dénomination de tir parallèle celle de tir direct, oblique, de flanc, et par conséquent tir croisé.

Comme toutes ces dénominations particulières sont les mêmes quels que soient le terrain et la position de l'ennemi, nous nous renfermerons dans l'examen des tirs qu'on explique communément dans nos écoles d'artillerie.

Le tir parallèle ayant été décrit ci-dessus, nous allons passer au coup de but en blanc. La ligne de mire i, g, fig. 2, pl. Ire, qui passe par les points les plus élevés du bourrelet et de la plate-bande de culasse, et qui se dirige vers le but g, m, traverse la trajectoire en k et g. L'éloignement de k à g, à partir de la position des pièces, désigne la partie de la campagne où se forme la troupe pour l'attaque, comme il a été dit dans la sixième leçon.

Cet espace s'agrandit à mesure que l'angle de mire k, a est plus grand, comme on le voit fig. 3, pl. Ire.

D'après ce qui vient d'être dit, la différence entre le diamètre du bourrelet et la plate-bande de culasse est réglée de manière que le but en blanc soit à une distance de 700 à 800 pas, parce qu'à cette distance le projectile a encore toute son action. C'est pour cette raison, comme on l'a démontré dans la cinquième leçon et dans la sixième, qu'on l'a donné pour la plus grande portée.

Le tir élevé ou courbe est employé lorsqu'on veut atteindre sans ricochet un point plus éloigné que le but en blanc. Dans ce cas le diamètre de la plate-bande de culasse doit être augmenté, parce que le but cherché dans l'éloignement demande un angle d'élévation plus grand que le coup de but en blanc a, i, fig. 3, pl. Ire.

En augmentant la portée, on n'agrandit pas seulement l'espace k, y sous le feu de la pièce, mais on diminue encore la justesse du tir (1); par conséquent il n'y a aucun avan-

---

(1) Voyez dans la Ve leçon le tableau des probabilités pour toucher un but, et l'ouvrage qui a pour titre : *l'Artillerie pour les officiers de toutes armes*, Stuttgard, 1831 à 1834, 1er vol. pages 79 à 83.

tage à tirer à cette distance ; on perd inutilement des munitions.

Déjà dans le tir du but en blanc, qui à 700 pas n'est pas
toujours juste, la cavalerie peut, sans beaucoup s'exposer, s'avancer au trot et sous le feu, d'une distance de
600 à 300 pas des pièces, entre g et k, fig. 2, pl. Ire, et par là
atteindre au galop l'artillerie assez vite pour qu'elle ne
puisse tirer qu'un coup ; car il lui faut, au minimum, 20 secondes pour le tirer ; elle n'oserait point profiter de ce temps
pour amener les avant-trains et se retirer, puisque la cavalerie n'emploie que 20 secondes pour parcourir au galop un
espace de 250 pas, et par conséquent 112 pas en 9 secondes (1), et que l'artillerie a besoin de ces 9 secondes pour
mettre les pièces sur leur avant-train et partir lorsqu'elle
est construite d'après le système Gribeauval.

Admettons que l'artillerie ayant tiré sur l'ennemi, arrivé
à 300 pas, s'abstienne de ramener ses pièces en ligne pour
regagner l'espace perdu par le recul, comme il a été dit dans
la huitième leçon, et tire 16 secondes après un nouveau
coup dans cette position ; la cavalerie, qui est lancée au galop, l'atteindra cependant avant que ses pièces soient sur
leurs avant-trains.

Mais lorsque cette artillerie a ses affûts construits d'après
le système anglais, avec lequel on n'emploie que 4 secondes
pour remettre les avant-trains (2), elle peut, dans une ac-

---

(1) Voyez l'ouvrage intitulé : *l'Artillerie pour les officiers de toutes armes*, tome III, Stuttgard, 1631-34, page 104.

(2) Même ouvrage que ci-dessus.

tion (1) vive, rester 16 secondes, faire feu de nouveau, et à mitraille, et obtenir un résultat décisif sans qu'elle s'expose au danger d'être prise ; car cette cavalerie est encore à 80 pas des pièces lorsqu'elle reçoit cette décharge, et il lui faut 6 secondes pour les parcourir, tandis qu'il n'en faut que 4 à l'artillerie pour se retirer.

Bien que l'emploi du tir courbe ait pour désavantage d'agrandir l'espace non susceptible d'être touché par le projectile, et de diminuer la justesse du tir, lorsque la portée surpasse 700 pas, cependant nous trouvons dans quelques instructions sur l'artillerie, au sujet du tir courbe, les données suivantes, pour les pièces de petit calibre, comme 3, 6, 12 et même 18, etc.

_____

(1) La facilité de remettre les avant-trains dans le système anglais, son prix modique et la conservation des pièces plus assurée, devraient au moins faire disparaître les préventions qu'on trouve encore dans plusieurs Etats contre ce système.

M. G.-A. Jacobi, lieutenant d'artillerie de la garde prussienne, soutient dans son ouvrage (*État actuel du matériel de l'artillerie de campagne en Europe*, Mayence, 1837, 3e bulletin, page 6) que l'introduction de ce système en France provient de ce que cette puissance, de 1813 à 1815, et nous croyons pouvoir dire de 1812 à 1815, a perdu les deux tiers de son matériel. Cette perte se fit sentir aussi dans tous les Etats allemands qui étaient alors ses alliés. La Prusse, par exemple, n'avait pas encore réparé toutes les pertes qu'elle avait faites en 1805, 1807 et 1812. C'est pour cela qu'en 1813 elle se servit de pièces fournies par les Anglais sur des affûts de ce système.

En Allemagne, nous ne le trouvons que dans les Etats de Hesse-Darmstadt et de Nassau.

En Autriche (1), à partir du but en blanc ou zéro à 2 pouces et 1/4 et 5 pouces et 1/2 de hausse, on a les portées de 550 et 460 pas jusqu'à 1,400 et 2,000 pas.

En Saxe (2), avec zéro à 4 pouces et 6 pouces de hausse, on a depuis 1,800 jusqu'à 2,000 et 2,500 pas.

En France (3), avec zéro à 2 pouces et 3 pouces de hausse de 600, jusqu'à 1594 pas.

Dans les Pays-Bas (3), avec zéro à 3 pouces et 4 pouces de hausse de 800, et 850 à 2,000 pas.

En Wurtemberg (4), avec zéro à 4 pouces de 400 à 1,600 pas.

Le tir roulant est employé lorsqu'on ne veut pas laisser arriver l'ennemi sous la trajectoire, mais le tenir éloigné de manière à pouvoir le canonner à une plus grande distance que celle du tir parallèle et de but en blanc; dans ce cas, on dirige le canon et l'obusier comme pour le tir parallèle, fig. 4, pl. 1re, par ses sauts *b*, *c*, *d*, *e*, *f*, *g*, le projectile parvient à le toucher sur une distance de 2,400 pas.

D'après la fig. 4, la cavalerie peut, étant éloignée de 1,000 pas des pièces, s'avancer au trot sous leur feu jusqu'à 400 pas; de là atteindre au galop l'artillerie en 32 secondes.

---

(1) Voyez *l'Artillerie*, ou *Mémoires sur les armes de guerre*, du major Hauser, Vienne, 1818, pages 104 et 109.

(2) Voyez les *Leçons* du colonel Rouvroy, Dresde, 1825, tome 3, page 1.

(3) Voyez la *Description de l'état actuel de l'artillerie de campagne*, par le lieutenant Jacobi, Mayence, 1836, bulletin 2, tableau XVI.

(4) Voyez *idem*, 4e livraison, 1837, tableau XII.

Celle-là, qui emploie 20 secondes pour chaque coup, n'en peut tirer qu'un, mettre les canons sur les avant-trains et se retirer, mais ne peut, par un second coup, éviter l'attaque.

On pourrait, dans ce cas, si le terrain favorise les ricochets dans l'espace *d, e, f, g,* parcouru par le projectile, détourner l'ennemi de son attaque, si l'artillerie avait une assez grande portée pour être efficace au point où la tactique et la stratégique coïncident; les batailles pourraient alors être gagnées sans perte considérable en hommes et en chevaux.

La cavalerie qui parcourt au trot et en une minute 714 pas, s'avançant en ligne sous les circonstances avantageuses de ce tir, jusqu'à ce qu'elle ait rencontré le ricochet *c,* fig. 4, pl. 1re, pourrait recevoir accidentellement les ricochets *d* et *c,* et ensuite le ricochet *b,* ou tout autre; mais pour les circonstances les plus favorables de ce tir, il faut une plaine unie, qui ne soit traversée par aucune sinuosité; car le projectile, lorsqu'il frappe dans un sillon, dans un fossé, ou autre chose semblable, reste en place, ou s'il touche un terrain pierreux, il prend une direction oblique, tantôt à droite, tantôt à gauche; par ces causes, le tir rasant ne trouve un emploi avantageux que dans très-peu de circonstances; et, par la même raison, on ne peut envisager et prendre pour comparaison le nombre de ricochets qui ont lieu dans une plaine bien unie et préparée à cet effet.

Nous croyons pouvoir confirmer ce principe par notre propre expérience.

En 1814, le 16 janvier, le corps du maréchal Mortier fut attaqué par le 4e corps de l'armée des alliés, sur la route d'Epinal à Chaumont. Etabli devant cette ville, il était sur la rive gauche de la Marne, l'aile droite couverte par un village situé dans un angle que cette rivière formait non loin de Chaumont, et où un pont la traversait.

Le rivage de ce côté était haut, mais il se trouvait encore dominé par l'autre rive. La batterie que l'auteur commandait battait l'ennemi à gauche dans le bas-fond *c*, et de front sur la hauteur B, fig. 5, pl. 1re. Chaque coup qui n'allait pas jusqu'à B s'enterrait dans l'escarpement de la montagne *a*, *b*, comme par exemple en *c*, et ne produisait aucun effet.

Le coup qui avec hausse passait par-dessus le but, pouvait en avoir plus en arrière, il n'y avait dans cette position que le coup direct *f*, contre le but B, et celui de *g*, contre le but C, qui pouvaient faire de l'effet, parce que le projectile qui passait ce but s'arrêtait dans l'escarpement de la montagne *a*, *b*, par exemple en *h*, comme le coup trop court s'enterrait dans la plaine horizontale située en avant.

Le tir à mitraille est d'un effet infaillible pour balayer l'espace qui pourrait être à l'abri du boulet.

Le canon ainsi que l'obusier remplissent ces fonctions, et doivent être pointés comme pour le tir parallèle. La fig. 6, pl. 1re, fait connaître l'étendue verticale que les balles doivent atteindre.

Le plan vertical a été atteint d'une seule balle de plein fouet au point H, et par deux qui ont ricoché en *c* et *b*. Une balle de plein fouet s'est enfoncée en *i*; de deux autres qui ont ricoché en *h* et en *g*, l'une est restée en *g*, l'autre en *f*; après le deuxième ricochet, une autre balle *d* a dépassé le but. La fig. 7, pl. 1re, donne l'étendue horizontale que la mitraille atteint en D, E, et AB, à 300 et 600 pas de distance.

Comme les tirs, dans les différents corps d'artillerie, sont différents, les tables des portées sont aussi différentes, comme le prouve le tableau suivant :

| ARTILLERIES. | CANONS. | TIR parallèle. | TIR | | PLUS GRANDE portée en pas. |
			de but en blanc.	hausses en pouces.	
Autriche (1).	12 liv.	»	500	4	1800
Id. . . .	6	»	500	3	1600
Id. . . .	3	»	460	2 1/4	1400
France. . . .	12	400	664	2,4	1594
Id. . . .	8	400	531	2,7	1594
Pas-Bas. . . .	12	400	850	3,8	2000
Id. . . .	6	350	800	4,2	2000
Saxe.	12	»	800	7 7/8	3000
Id. . . .	6	531	844	4	2031
Wurtemberg.	12	»	400	4 7/8	1600
Id. . . .	6	»	400	4 3/4	1600

Le tir courbe diffère essentiellement de ceux ci-dessus, en ce que la charge de ces derniers est toujours la même, tandis que pour celui-là la quantité de poudre de la charge se règle suivant le but ou l'angle d'élévation, afin que l'obus ou la bombe éclate au point de chute. Par conséquent, outre l'effet que ces projectiles produisent en tombant, effet qui est le même que celui du boulet, ils procurent après leur chute par leurs éclats l'effet de la mitraille.

Pour donner le plus grand effet à l'éclat des projectiles creux en un point déterminé, plusieurs corps d'artillerie se servent d'une très-faible charge, et d'un angle d'élévation

(1) Voyez les ouvrages cités plus haut.

aussi grand que possible, afin qu'il s'arrête au point de chute
et n'aille pas plus loin; parce que les fusées ne peuvent pas
toujours être préparées à une seconde près pour allumer la
charge du projectile au moment où il atteint le but. Tandis
que d'autres artilleurs s'en rapportent à l'effet des éclats
produits par l'explosion du projectile après le premier bond,
si toutefois celui-ci n'éclate déjà en l'air avant ou de suite
en tombant.

On trouve à cet égard, dans différentes artilleries, les tables de tir suivantes pour les obusiers.

ARTILLERIES.	CHARGES en onces.	HAUSSES en pouces.	PORTÉES en pas.
Autriche... 7 l.	16	3 1/2 à 7	500 jusqu'à 1000
Id. . . . Id.	24	3 1/2 à 7	800 id. 1400
Id. . . . Id.	32	3 1/3 à 8	1000 id. 1900
Id. . . . Id.	40	3 1/2 à 7 1/2	1200 id. 2100
Id. . . . 10 l.	24	3 1/2 à 6	500 id. 900
Id. . . . Id.	36	3 1/2 à 6 1/2	900 id. 1500
Id. . . . Id.	48	3 1/2 à 7 1/4	1000 id. 1800
Id. . . . Id.	60	3 1/2 à 8	1500 id. 2400
France. . . . 7	32	1 à 11	400 id. 1594
Id. . . . Id.	67	1 5/12 à 5 5/15	531 id. 1594
Id. . . . 10 l.	50	1 1/3 à 9	531 id. 1594
Id. . . . Id.	102	5/12 à 5 1/12	531 id. 1594
Pays-Bas. . . 6 l.	32	1 1/2 à 4 7/10	600 id. 1200
Id. . . . Id.	puis 6 à 8 degrés.		1400 id. 1600
Id. . . . Id.	16	3 à 4	400 id. 600
Id. . . . Id.	puis 7 à 8 degrés.		800 id. 1000
Wurtemberg. 10 l.	16	6 3/4 à 14 3/4	500 id. 900
Id. . . . Id.	24	8 1/4 à 15 3/4	900 id. 1400
Id. . . . Id.	40	8 à 13 1/2	1400 id. 2000
Saxe. . . . . 8 l.	16	8 à 16	650 id. 1000
Id. . . . Id.	24	4 à 16	650 id. 1700
Id. . . . Id.	40	4 à 12	1200 id. 2600
Anglais (1). . 7 l.	36	1° à 3 1/2°	546 id. 1153
Id. . . . 10	54	1° à 3 1/2°	400 id. 900

Dans ce tir, l'obusier est dirigé comme le canon pour le tir élevé, en augmentant le diàmètre de la plate-bande de culasse par une hausse, de manière que l'angle d'élévation

---

(1) Voyez les ouvrages cités plus haut.

a, b, c, fig. 8, planche Ire, formé de cette manière, corresponde à la charge donnée pour que le projectile atteigne le but *a, b.*

Par les tables de tir ci-dessus, comme par celles de la charge, nous voyons combien les artilleurs diffèrent sur la plus grande portée, et que les uns appliquent à l'obusier les propriétés du mortier, et les autres celles du canon.

Avec le petit angle de mire que l'artillerie anglaise emploie à lancer les obus, sa trajectoire ressemble à celle du boulet par le canon, fig. 3, planche Ire.

La fig. 8, pl. Ire, présente la trajectoire de l'obus lorsqu'on applique à l'obusier la propriété du mortier; que l'on compare cette trajectoire à celle de la bombe, fig. 9, planche Ire.

Comme d'après les tables de tir ci-dessus, l'artillerie anglaise ne se sert que d'une charge, elle emploie, pour que l'obus éclate à un but donné, une machine faisant partie de l'armement de la pièce, propre à couper les fusées à la longueur convenable pour que les obus éclatent en l'air à la distance voulue du but; car lorsqu'ils éclatent sur le sol plusieurs éclats s'y enfoncent.

D'autres artilleurs, suivant les tables ci-dessus, ont, par l'emploi de différentes charges, donné à l'obus la même vitesse pour chaque portée, et peuvent ainsi préparer leurs fusées dans les salles d'artifice et les chasser dans les obus. Cependant il faut alors avoir avec soi plus de charges que de projectiles; mais c'est un embarras qui est sans conséquence, car les charges ne sont pas bien fortes; et d'un autre côté, on n'a pas besoin, comme par le principe de l'artillerie anglaise, pour couper et ajuster les fusées, de deux hommes de plus par obusier, ce qui est à considérer.

Le tir courbe avec quart de cercle.

Comme la forme du mortier ne permet pas de donner à la ligne de mire *ab*, prolongée sur le but *de*, fig. 8, pl. Iʳᵉ, à cause de la distance *bc*, fig. 9, pl. Iʳᵉ, l'angle d'élévation *abc* correspondant à la charge donnée avec une simple hausse, on se sert du quart de cercle.

Les tables de tir sont données dans l'artillerie d'après le calibre des mortiers, depuis la charge la plus complète jusqu'à la plus faible, pour des angles d'élévation de 15° à 45° comme étant les angles de mire qui donnent depuis la plus petite jusqu'à la plus grande portée; car les mathématiques donnent la preuve qu'à 45° les portées sont les plus grandes, ou qu'avec cet angle de mire, pour chaque charge donnée, on atteint la plus grande amplitude.

Dans quelques cas où l'on veut avec la bombe enfoncer des magasins ou autres bâtiments, ou bien dans certaines circonstances y pénétrer profondément, on donne par exception au mortier une élévation de 75°, parce qu'à cette hauteur la chute des bombes est plus forte.

En pareil cas, l'effet de la bombe ne peut être envisagé sous le rapport de ses éclats; c'est pour cette raison que l'artillerie française se servit avec succès en 1831 de projectiles pleins avec le mortier, pour démolir la citadelle d'Anvers.

L'angle de mire ou d'élévation pour le mortier s'exprime dans l'artillerie autrichienne par son inclinaison avec la ligne verticale *bd*, fig. 9, planche Iʳᵉ, tandis que dans d'autres artilleries elle s'exprime par son inclinaison avec l'horizon *cb*, fig. 9, planche Iʳᵉ.

La construction du mortier ne permettant pas de prendre la direction par-dessus la pièce comme avec le canon ou l'obusier, il en résulte la nécessité d'établir par le calcul, afin de pouvoir bombarder, d'une position donnée, une hauteur considérable BA, fig. 10, ou une profondeur C, l'angle d'élévation d'après la charge et la distance horizontale DA, pour que l'objet à frapper se trouve sur la route du projectile.

Les propriétés du mortier sont telles que l'officier instruit n'a besoin que de peu de temps pour l'approprier à la défense.

Les artilleurs ont aussi différentes opinions sur la plus petite et sur la plus grande portée du mortier, ainsi qu'il est démontré par les tables de tir suivantes des mortiers en bronze, extraites des *Mémoires* des généraux de Gassendi, de Morla et de Gay de Vernon. (Poids et mesures de France.)

ARTILLERIES.	MORTIERS.	CHARGES.	ÉLÉ-VATION.	DISTANCES.
Autriche. .	60 liv.	1,6 à 5,8 l.	45°	277 à 2392 pas.
Id. . . .	»	» »	30°	1045 à 1888
Id. . . .	30 liv.	0,8 à 2,9	45°	151 à 2064
Id. . . .	»	» »	30°	101 à 1762
France. . .	12 pouces.	1 à 3	45°	507 à 1583
Id. . . .	»	1 »	30°	426 »
Id. . . .	10 pouces.	1 à 3	45°	589 à 2005
Id. . . .	»	1 à 1,5	30°	491 à 848
Id. . . .	8 pouces.	0,3 à 1,2	45°	427 à 1658
Id. . . .	»	1 »	30°	365 »
Prusse. . .	50 liv.	0,9 à 4,1	45°	600 à 2600
Id. . . .	»	1 à 3,9	30°	600 à 2300
Id. . . .	25 liv.	0,5 à 2	45°	600 à 2300
Id. . . .	»	0,5 à 2	30°	600 à 2200
Id. . . .	10 liv.	0,3 à 0,7	45°	600 à 1800
Id. . . .	»	0,3 à 0,8	30°	600 à 1800
Russie. . .	200 liv.	1.3 à 8,3	45°	838 à 3238
Id. . . .	80 liv.	0,6 à 3,4	45°	878 à 2952
Id. . . .	6 liv.	0,08 »	45°	731 »
Id. . . .	»	0,08 »	60°	597 »
Saxe. . . .	48 liv.	1,1 à 2,9	45°	475 à 1733
Id. . . .	»	1,6 à 3,8	20°	512 à 1575
Id. . . .	32 liv.	1,1 à 2,2	45°	556 à 1554
Id. . . .	»	1,4 à 3,6	20°	413 à 1498
Id. . . .	16 liv.	0,6 à 1,3	45°	423 à 1438
Id. . . .	»	0,7 à 2,2	20°	432 à 1280

Le tir de l'obus appelé Schrapnell s'exécute avec le canon et avec l'obusier.

On ne connaît que les artilleries anglaise, norwégienne et hanovrienne qui emploient ce projectile dans leurs écoles, et qui l'admettent dans leur armement. Elles n'ont pour le tir de ce projectile creux, comme pour celui de l'obus, qu'une seule charge, et elles règlent sa fusée suivant la distance. Mais elles ont préféré, pour ne pas ralentir le feu, s'approvisionner de fusées de différentes longueurs, au lieu de n'en avoir que d'une seule.

La théorie de ce projectile est fondée sur ce que les éclats d'un obus qui éclate pendant son cours, poussés par la vitesse que la charge de la pièce lui a donnée, vont toujours en avant et jamais en arrière (1). Il en est de même des balles qui s'y trouvent.

D'après le résultat des expériences d'artillerie faites à Mayence en 1828, un obus de 7 livres, chargé d'une livre, éclata en 8 à 14 morceaux. Si nous remplissons cet obus en y ajoutant encore 10 balles, nous trouvons dans le premier cas 18 et dans l'autre 24 morceaux qui se dirigent sur le but *ab*, fig. 11, planche Iᵣᵉ, dans une certaine étendue verticale et horizontale. Il est certain qu'ici bien moins de balles ou d'éclats ne dépassent le but, ou s'introduisent dans la terre, que dans le tir ordinaire de la mitraille. Fig. 6, planche Iʳᵉ.

---

(1) En 1812, à l'affaire de Krasnoë, le 14 août, un obus éclata dans l'âme d'un obusier de la batterie que l'auteur commandait, et pendant les expériences extraordinaires de 1828, à Mayence, en présence de l'auteur un obus a également éclaté dans la bouche de la pièce; dans les deux cas on n'a pas remarqué que des éclats soient tombés en arrière, mais au contraire on entendait la plus grande quantité des éclats faisant un bruit semblable à celui de la mitraille s'avancer à plus de cent pas.

TABLEAU

DU TIR DES PROJECTILES DITS SCHRAPNELL, EXÉCUTÉ AVEC DES PIÈCES DE CAMPAGNE.

(Woolwich, 1819.)

CALIBRE.	CHARGE en		ANGLE d'élévation en degrés.	LONGUEUR des fusées en pouces.	DISTANCES ou portées en pas.
	livres.	loths.			
Canon de 18 l.	4	12	1 1/4	0,2	789
	4	12	1 3/4	0,4	1092
	4	12	2 1/2	0,57	1335
M. 12	3	28	1 1/4	0,2	789
	3	28	1 3/4	0,4	1092
	3	28	2 1/2	0,57	1335
Canon de 9	2	29	1 1/4	0,29	789
	2	29	1 3/4	0,4	1092
	2	29	2 1/2	0,6	1335
Fort. . . . 6	1	30	1 1/2	0,22	789
	1	30	1 3/4	0,45	1092
	1	30	2 3/4	0,65	1335
Léger. . . 6	1	14 1/2	1 1/2	0,3	789
	1	14 1/2	2	0,5	1092
	1	14 1/2	2 3/4	0,65	1335
F. 3		31	1 3/4	0,3	789
		31	2 1/2	0,6	1092
Obusier de 8 po.	3	28	2 3/4	0,35	789
	3	28	3 1/2	0,6	1092
	3	28	6	1,0	1335
Id. . 24 l.	2	13 1/2	2° 15′	0,35	789
	2	13 1/2	3° 55′	0,6	1092
	2	13 1/2	4° 30′	0,75	1335
	2	13 1/2	5° 30′	0,8	1457
Obusier de 12 l.	1	7	2° 5′	0,3	789
	1	7	3° 30′	0,55	1092
	1	7	5° 15′	0,8	1335
	1	7	5° 50′	0,9	1457

La distance de 789 pas est par conséquent indiquée comme celle où le feu des schrapnells est le plus avantageux, sans exclure pourtant l'usage de ces projectiles à une distance moindre. Si, pour soumettre au calcul, dans cette leçon, les effets des armes à feu, nous comparons ce tir avec celui de la fusée de guerre, dont l'usage doit être très-désiré par l'artillerie, comme nous le ferons connaître dans une leçon particulière, nous obtiendrons encore une portée plus éloignée.

Le tir de la fusée de guerre est, sous un triple rapport, essentiellement différent de celui des pièces.

1° La fusée n'atteint sa plus grande force d'impulsion qu'à moitié chemin de sa course, tandis que le projectile chassé par les bouches à feu possède la sienne au commencement.

2° La fusée peut être lancée de chaque espèce de terrain ; attachée à chaque arme, sans gêner l'une ou l'autre dans sa position ou ses mouvements, parce que la fusée, à cause de la facilité de ses moyens de transport, peut profiter de toutes les circonstances favorables, tandis que les bouches à feu, comme voitures, sont dépendantes de l'attelage qui leur est donné et de la nature du théâtre de la guerre et du champ de bataille.

3° Elle procure l'avantage d'obtenir la plus grande célérité du tir, principalement par la simplicité du moyen employé à lui communiquer le feu dans un tube en tôle par le secours d'une batterie de fusil, lorsqu'on tire sous un angle élevé. De cette manière, plusieurs coups peuvent être tirés par un seul homme, puisqu'on fait abattre le chien par une ficelle ; pendant qu'un homme ôte la coiffe de la fusée, un autre nettoie le tuyau de tôle, le remplit de poudre, pose la fusée dans le canal et relève le chien ; un troisième porte la fusée sur le chevalet. Trois hommes tirent dans une minute 4 à 5 coups. Tirée par terre, un homme la décoiffe, lui donne la

direction convenable, pendant qu'un autre y met le feu avec
une mèche. Dans ce cas deux hommes tirent 6 coups par
minute.

La cavalerie, à 700 pas de distance, est donc déjà exposée à
l'action de deux hommes tirant six coups du calibre de 6 par
minute, sans, en avançant, pouvoir éviter de se trouver sous
leur feu. Vingt tireurs de fusées donnent par conséquent 60
coups du calibre de 6, pendant qu'une batterie armée de 8
pièces de 6, 128 hommes et 75 chevaux, ne tire par minute
que 24 coups. Cet effet triple, comparé à celui du canon de 6,
devrait nous prouver la nécessité de faire entrer dans notre
artillerie des tireurs de fusées ou fuséens, suivant l'exemple
des Russes, des Autrichiens, des Anglais et des Suédois.

Nous pensons qu'il est de notre devoir de rendre le lecteur
attentif aux mémorables paroles du comte de Montalembert
citées dans la deuxième leçon, page 116.

L'artillerie anglaise fabrique des fusées de guerre avec
boulet, boîtes à mitraille, dont les balles, par l'explosion de
la poudre, reçoivent la plus grande vitesse, et avec obus des
calibres de 1 à 32 ou du diamètre de 2 à 5 pouces 9 lignes, et
de 6 pouces 3 lig. à 16 pouces 4 lig. de longueur; avec boulet
incendiaire de 5 pouces 4 lig. à 7 pouces 2 lig. de diamètre, et
de 18 à 22 pouces de longueur. En campagne on les tire sous
les angles de 0 à 15 degrés, et dans les siéges sous les angles
de 15 degrés à 60.

Lorsque la fusée est tirée par terre sans élévation, elle atteint une portée de 700 pas à 900, et ne surmonte jamais la
hauteur d'un homme. Avec 15 degrés d'élévation, on obtient
à peu près une portée de 1400 pas.

D'après la septième leçon on a donné la portée de 700 à
800 pas comme maximum, et on a démontré plus loin dans
la même leçon que le coup de but en blanc jusqu'au point

où le projectile commence à descendre fait l'effet du tir parallèle et du coup rasant, qui, sur un terrain avantageux, s'il ne touche pas la première ligne par le ricochet *mh*, fig. 2, pl. Ire, peut encore atteindre la seconde et même la troisième, et que dans l'un comme dans l'autre de ces derniers tirs on est obligé de viser sur le but par les points les plus élevés du bourrelet et de la plate-bande de culasse de la pièce. Il en résulte que chaque coup est un coup de but en blanc.

D'après une expérience, faite en 1824 à Woolwich, l'on peut avec le tir courbe de l'obusier faire, à la distance de 600 pas, une brèche sur un mur dit à la Carnot; alors on n'emploiera ce tir avec le boulet et avec le schrapnell qu'à la distance de 700 à 800 pas, et lorsque l'ennemi se sera avancé jusqu'à 400 pas sous la trajectoire, on emploiera la mitraille.

L'obusier reçoit la même application pour le tir à mitraille et le tir courbe avec l'obus Schrapnell, comme le mortier pour le tir de la bombe.

L'artillerie par conséquent ne compte pour l'usage commun des différentes pièces que le tir à boulet plein, le tir à mitraille et le tir courbe.

Le coup de bricole, dont la trajectoire se trouve dans deux plans verticaux, formés par la résistance d'un corps dur contre lequel le projectile vient frapper pour y former un angle et aller frapper un autre objet, est regardé dans nos écoles comme non praticable, et n'est point étudié.

ONZIÈME LEÇON.

DE LA MANIÈRE DE POINTER LES BOUCHES A FEU.

Comme les différentes espèces de tir, ainsi que nous l'avons reconnu, reposent sur des principes différents, on doit aussi employer plusieurs manières de pointer. Nous allons d'abord décrire ici les principes ordinaires de pointage et les machines en usage dans cette opération ; leur comparaison nous amènera au procédé le plus simple.

A. MACHINE DE POINTAGE.

a. *Pour les canons et les obusiers.*

L'artillerie autrichienne et l'artillerie russe se servent pour pointer les pièces, d'une machine en forme de coin, fig. 1, pl. II; C est le coin, E son support qui, par le moyen de deux oreilles ou anneaux en fer, tourne autour d'un boulon qui se trouve fixé aux flasques de l'affût. Le coin est maintenu droit par deux anses en fer, fixées aux côtés et en dessous, qui servent à le faire avancer ou reculer sur son support au moyen de la vis F et de la manivelle P; la vis tient au coin et engrène dans un écrou qui se trouve fixé dans son support.

Ce même coin est garni sur son hypoténuse d'une feuille de tôle, à cause de son frottement avec la plate-bande de culasse, et a par derrière un verrou, *f*, qui s'engage dans une roue à déclic fixée à l'écrou, afin que le fouettement de la pièce ne puisse pas déranger le pointage.

Pendant le feu, le support repose en avant sur un boulon qui passe dans des trous faits dans l'affût à cet effet, suivant qu'on veut lever plus ou moins la culasse de la pièce. Pendant la marche, le support avec sa partie postérieure est placé sur un étrier en fer qui se trouve au bas et qui réunit les flasques de l'affût.

L'artillerie saxonne se sert d'une machine de pointage à cylindre qui consiste en une planche à semelle A, fig. 2 et 3, pl. 11; et sa vis de pointage B, où la plate-bande de culasse repose, et qui par une manivelle à quatre branches et un écrou fixé à la semelle s'élève ou s'abaisse sur son axe. La semelle est pourvue de deux crochets à patte par lesquels elle tient à un anneau d'attache G, et en arrière par deux bras en fer *b*, à deux chaînes qui s'enroulent autour d'un cylindre en bois D, placé entre les flasques.

Ce cylindre a de chaque côté une roue dentée C, et en dessous un pignon qu'on met en mouvement par une manivelle. Pour que la semelle ne soit pas poussée en arrière par le poids de la culasse de la pièce, et afin que toute la machine ne puisse se mouvoir que lorsque ce déclic est retiré de cette dernière, le pignon a un déclic qui s'engage dans la roue par un petit ressort.

Dans l'artillerie de Bavière, de Hesse et de Bade on se sert, comme primitivement dans celle de France, de la vis de pointage verticale qui tourne sur son axe.

Dans cette machine il y a un écrou en métal, fixé entre deux bandes de fer, appliquées aux côtés intérieurs des flasques de l'affût. La vis de pointage est placée verticalement dans cet écrou ; on la hausse et on la baisse au moyen d'une manivelle. La tête de cette vis s'appuie dans une calotte en fer, appliquée sous la semelle, pendant que la pièce repose par sa plate-bande de culasse sur cette dernière, qui est fixée elle-même à l'affût par une charnière.

Le fouettement de la volée dont nous avons donné les raisons dans la neuvième leçon, occasionne pourtant un mouvement à la vis de pointage et un autre à la pièce.

Cependant le colonel *Kohler* de l'artillerie hessoise a imaginé, pour éviter le premier inconvénient, d'ajouter à l'écrou de la vis un autre écrou pourvu d'une manivelle, se mouvant librement autour de cette dernière, de manière qu'après avoir élevé la culasse avec la manivelle de celle-ci, on tournait celle du second écrou dans un sens contraire, jusqu'à ce qu'il vînt s'appuyer sur celui de la vis de pointage. On a cherché à remédier au second inconvénient dans l'artillerie prussienne et wurtembergeoise en réunissant la vis de pointage à la semelle A, fig. 4, pl. II, au moyen d'une charnière qui se meut en B autour d'un boulon.

Cette réunion de la vis de pointage à la semelle fait que le plateau C se trouve engagé comme l'écrou D dans les deux bandes de fer qui garnissent l'intérieur des flasques de l'affût.

Cette machine diffère de celle ci-dessus en ce qu'avec elle la pièce est pointée par le mouvement de la vis de pointage, et que dans l'autre elle l'est par le mouvement de l'écrou.

L'artillerie française, anglaise, belge, hollandaise, hanovrienne de Hesse-Darmstadt et de Nassau se sert de la vis de pointage, sur la tête de laquelle repose la culasse de la pièce ; l'écrou de cette vis est encastré dans l'affût. A la tête de cette vis de pointage se trouve une manivelle à quatre bran-ches pour la tourner autour de ces branches, et sur la tête de la vis on a fixé un morceau de cuir fort, pour que le con-tre-coup ait moins d'influence sur la machine.

Pour éviter les deux inconvénients signalés plus haut du fouettement de la pièce, on a fixé à l'affût une petite chaî-nette dont on accroche les mailles aux branche de la vis de pointage, lorsqu'on veut lui donner un état stable.

Ainsi, d'après ce que nous venons de voir, il y a dans l'artillerie européenne cinq machines de pointage en usage, parmi lesquelles la plus compliquée paraît être celle de l'artillerie saxonne. Elle exige deux opérations pour élever ou descendre la culasse; ces deux opérations consistent dans le mouvement de la manivelle et dans celui de la vis de pointage. La plus simple est celle qui est adaptée à l'affût à flèche.

b. *Pour les mortiers.*

On se sert aussi, pour les mortiers, d'une machine de pointage semblable à celle du coin pour le canon et l'obu-sier, ou bien de la vis. La machine de pointage est fixée sur l'affût, au-dessous de la bouche, parce que les tourillons se trouvent pour ainsi dire sous la chambre.

Il en est de même lorsque les tourillons sont placés comme aux canons, c'est-à-dire que le mortier repose encore sur la machine de pointage par la plate-bande de la bouche, afin d'éviter les affûts trop élevés; l'angle d'élévation sous lequel on tire la bombe fait naître cette nécessité; le mor-tier a, à cet effet, son plus grand poids en avant, tandis que le canon et l'obusier l'ont en arrière. Ce qui caractérise les machines décrites ci-dessus, c'est qu'avec les unes on donne à la pièce l'angle d'inclinaison nécessaire par le mouvement horizontal du coin provoqué par la vis de pointage, et avec les autres immédiatement par son mouvement vertical.

B. DISPOSITIONS POUR LE POINTAGE.

Le pointage des bouches à feu se divise en deux opérations principales : la première consiste à mettre la pièce dans la ligne de tir, par le mouvement de la crosse de l'affût, de manière que le plan vertical qui passe par les points les plus élevés du bourrelet et de la plate-bande de culasse et par l'axe de la pièce se dirige sur le but ; la seconde, à augmenter les points les plus élevés du bourrelet ou de la plate-bande de culasse, suivant la distance du but, et pouvoir donner à la pièce l'angle d'inclinaison nécessaire, au moyen de la machine de pointage. Pour mettre l'affût dans la direction de la ligne de tir, la plupart des artilleurs se servent d'un levier et quelquefois de deux, qu'ils placent dans les anneaux de pointage fixés sur la crosse.

La deuxième opération, qui consiste à donner à la pièce l'inclinaison nécessaire, selon l'espèce de tir, se fait bien différemment dans l'artillerie ; mais, afin d'arriver à la plus simple par un examen approfondi, nous allons les décrire.

Veut-on donner au canon un plus grand angle d'élévation que celui qui lui a été donné, par la différence des diamètres du bourrelet et de la plate-bande de culasse, ou veut-on atteindre une plus grande distance que celle que donne la ligne de mire naturelle, fig. 2, pl. Ire, en employant le tir courbe, fig. 3, pl. Ire, leçon dixième ; on se sert pour cela d'une mesure ou hausse qui est encastrée sur le cul-de-lampe de la pièce où elle est fixée par un écrou, et qui peut sortir à volonté, ou bien d'une mesure graduée qui a, à sa surface inférieure, la courbure de la surface de la plate-bande de culasse.

Cette mesure est posée sur cette plate-bande, de manière que la ligne du milieu se confonde avec celle qui est tracée sur le point le plus haut de la plate-bande de culasse, et que, dans l'un comme dans l'autre cas, les tourillons étant dans une position horizontale, la ligne du milieu de la hausse soit dans le plan vertical qui passe par l'axe de la pièce.

Lorsqu'on se sert de la hausse fixée à la culasse, on vise sur le but, au moyen d'un cran fait sur cette tige, et par le point le plus élevé du bourrelet; mais la hausse mobile qui se pose sur la plate-bande de culasse a, dans son milieu, une rainure dans laquelle se trouve une coulisse percée d'un trou de mire; au moyen d'une ficelle qui traverse le trou horizontalement, cette coulisse peut être tirée à volonté de la hauteur de la hausse. Avec cet instrument, on pointe en visant sur le but par le trou de mire et par le point le plus élevé du bourrelet.

En général, l'une et l'autre de ces hausses est, suivant les tables de tir rapportées plus haut, divisée en pouces, de manière à pouvoir tirer à une distance de 100 en 100 pas au delà du but en blanc.

Il n'y a que dans l'artillerie anglaise que la hausse a une division par quarts de degré pour les élévations exigées par les distances qui surpassent le but en blanc de 50 à 50 yards, — 61 pas.

Les dérivations du boulet tiennent principalement à ce que l'on pointe, lorsque la pièce, au moment du feu, n'a pas ses tourillons dans une position horizontale, comme si elle les avait dans cette position, c'est-à-dire par les points qui

sont marqués comme les plus élevés du bourrelet et la plate-
bande de culasse.

Ces déviations du boulet deviennent d'autant plus grandes que le diamètre de la plate-bande de culasse est plus
augmenté par la hausse fixe; c'est ce qui l'a fait rejeter et a
fait varier les idées des artilleurs sur ce sujet. Par suite de
cette observation, la hausse mobile fut pourvue d'un fil à
plomb; on peut ainsi la mettre toujours verticale, et visant
par le point le plus élevé du bourrelet, conserver la ligne de
mire dans un plan vertical, quoique la pièce soit inclinée.

L'artillerie saxonne, partisan de la hausse fixe, répond
en disant qu'elle évite cet inconvénient par un cercle encastré dans la culasse de la pièce, qui se meut en tournant
autour de son centre, et qui porte avec lui un niveau d'eau
un peu allongé, parallèle à l'axe des tourillons.

Par là, la ligne du milieu de la hausse sera toujours
portée par le niveau d'eau dans le plan vertical passant
par l'axe de la pièce, quelle que soit la position des tourillons, comme dans la hausse mobile elle l'est par le fil à
plomb.

Le général Congrève voulait éloigner les causes de déviations des projectiles, lorsque les pièces sont inclinées, par
l'emploi d'une lunette pourvue d'un cercle gradué semblable à celui du sextant, en la fixant sur le canon. A zéro
degré, les pièces étant horizontales, l'axe de la lunette se
meut parallèlement à l'axe horizontal de la pièce, et forme
avec lui un plan vertical. Suivant la distance du but, on
met la lunette sur le degré correspondant, et la pièce s'élève
au moyen de la hausse, jusqu'à ce que le but devienne vi-
sible par l'axe de la lunette. Par ce procédé, la ligne de mire
se meut toujours dans un plan vertical passant par l'axe de
la pièce, quoiqu'elle soit inclinée, et il ne peut y avoir de

déviation, à moins que, dans un moment de hâte, on ne prenne pas les précautions convenables.

Par cette raison, et probablement à cause de sa complication, elle n'a trouvé accès ni dans l'artillerie anglaise, ni dans aucune autre.

Dans l'artillerie russe, on a corrigé d'une manière ingénieuse la déviation des projectiles lorsque l'on tire de but en blanc avec une pièce qui n'est pas dans une position horizontale. On a placé une tige sur le cul-de-lampe de la pièce, les tourillons étant dans une position horizontale. Le point le plus élevé de cette tige se trouve à la même distance de l'axe de la pièce que le point le plus haut du bourrelet; dans chaque position des tourillons ces deux points forment un plan vertical avec l'axe de la pièce. La hausse est pourvue, d'après les tables de tir, de trous de mire; au-dessous se trouve une ouverture ronde, pour être placée sur la tige. Par un poids en forme de poire, fixé au bas de cette ouverture ronde, la hausse se maintient toujours perpendiculairement, de manière que dans la position inclinée des tourillons, la ligne de mire est toujours dans le plan vertical passant par l'axe de la pièce.

Cette disposition, qui répond exactement à la théorie, et qui dans son emploi surpasse, par sa simplicité, toutes celles qui ont été décrites, n'a probablement pas trouvé accès dans d'autres corps d'artillerie, à cause de certains préjugés.

Nous tirons cette conjecture d'un propos sorti de la bouche d'un artilleur instruit et bien connu, qui, en 1818, faisant un voyage scientifique, parlait de ce procédé en ces termes : « Ces dispositions s'accordent avec une saine et rigoureuse théorie, et sont de la plus simple exécution; mais c'est dommage qu'elles viennent d'un colonel russe. »

Comme les pièces tirées sur un terrain d'une inclinaison

plus qu'ordinaire et sous un grand angle d'élévation ne donnent pas de déviations assez grandes pour faire manquer les colonnes ennemies dans une affaire, ou ne donnent pas une plus grande déviation que celle qui est due à des causes inévitables, la plupart des artilleurs conservent la hausse fixée à la culasse.

L'explication suivante nous prouvera que la déviation des projectiles ne saurait être bien grande.

Soit fig. 5, pl. II, *ab* le diamètre du bourrelet, *cd* celui de la plate-bande de culasse d'une pièce de 6, et dans la fig. 6, *ab* sa longueur, *xy* coupe l'axe de la pièce, *ef* est l'axe des tourillons, *gh* la hausse nécessaire pour la portée qu'on veut obtenir. La ligne de mire obtenue avec la hausse mobile, et qui passe par le point le plus élevé du bourrelet de *h* en *i*, coupe l'axe de la pièce sur le plan horizontal de son emplacement.

Avec la hausse fixe, la ligne de mire coupe l'axe de la pièce et l'axe des tourillons verticalement de *k* au bouton de mire *l* du bourrelet.

Transportons-nous maintenant de *hk* fig. 5, en *ac* fig. 6, et de *il* à *bd*, alors *cd* est la ligne de mire, et *ab* l'axe de la pièce. Nous voyons par là que l'angle formé avec l'axe de la pièce sous ces circonstances les plus défavorables est très-aigu, et que la ligne de mire coupe la trajectoire très-loin de la bouche à feu. Ainsi, dans une position des pièces peu inclinée, et avec une petite hausse, la ligne de mire coupe l'axe de la pièce assez près en avant du but.

Pour augmenter par l'inégalité des diamètres du bourrelet et de la plate-bande de culasse la portée du tir parallèle jusqu'à celle du but en blanc, on se sert presque généralement d'une hausse en bois dont la partie du milieu entre dans la bouche de la pièce ; sur cette hausse se trouve fixée une petite tige en forme de grain d'orge, qui dépasse plus ou moins le point le plus élevé du bourrelet, suivant la distance que l'on veut atteindre.

Dans l'artillerie anglaise, suivant le projet du général Millar, toutes les pièces neuves doivent être égalisées, c'est-à-dire que l'on donnera un diamètre égal au bourrelet et à la plate-bande de culasse, pour faire disparaître l'usage de la hausse négative, et écarter en même temps une manière de pointer incertaine et qui demande beaucoup de temps.

L'artillerie des Pays-Bas a fait disparaître la hausse négative par un anneau à grain d'orge et une table de tir qui est établie sur le temps que la troupe met à parcourir une certaine distance à différentes allures, eu égard à celui qu'on emploie à tirer. Comme le tir de la mitraille est employé à une distance au-dessous de 600 pas, cette artillerie tire le boulet à la distance de 600, 800, 1,000, 1,200 pas, et le coup roulant à 1,500 pas. Les procédés de pointage sont très-simples.

L'anneau à grain d'orge, fig. 7, pl. II, est en bois; sa surface est arrondie en cercle, et a au-dessous un canal, dans lequel une petite tige ronde est ajustée, entre la volée et la tête. Pour fixer cet instrument à la pièce, on se sert d'une courroie à boucles, avec lesquelles on maintient cette petite tige que l'on peut pousser çà et là.

La fig. 8 fait connaître la hausse de la pièce de 6, et la fig. 9 celle de la pièce de 12; elles sont assujetties à l'affût par une chaînette; leur partie intérieure est arrondie par un rayon égal à celui de la plate-bande de culasse; la partie supérieure est divisée en degrés par des cercles concentriques à celui de dessous. Ces degrés servent à donner l'élévation nécessaire pour les différentes portées qu'on veut obtenir.

Aux pièces de 6 le degré le plus bas de la hausse est employé avec l'anneau à grain d'orge, soit pour toucher du premier ricochet à 600 pas, soit pour toucher à 1,500 pas par des coups roulants (1).

En pointant de but en blanc, on touche à 800 pas. En visant par le 2ᵉ, à 1,000 pas, et par le 3ᵉ, à 1,200 pas.

Pour le canon de 12, la hausse est construite comme pour le canon de 6; seulement elle en diffère par les dimensions, mais l'emploi est le même.

Ces procédés de pointage sont exempts des pédanteries mathématiques. Ils sont dérivés d'une connaissance positive de la tactique; ils tiennent compte des propriétés des pièces comme des influences qui agissent sur la justesse du tir, influences dont l'appréciation distingue l'habile militaire.

Pour les obusiers, l'artillerie se sert de la hausse mobile, soit en laiton soit en bois, à cause du grand angle d'élévation qu'on emploie sous le tir de cette bouche à feu.

Pour le mortier, on détermine ordinairement l'angle d'élévation au moyen du quart de cercle lorsqu'il a été dirigé avec des leviers.

_____

(1) Ici on a réuni le tir roulant au tir parallèle; c'est pourquoi l'on n'a pas fait une autre table de tir.

DOUZIÈME LEÇON.

SUR LES CAUSES DU TIR DÉFECTUEUX DES BOUCHES A FEU.

Dans nos dernières campagnes, on cherchait les causes du tir défectueux dans la manière vicieuse de pointer. Nous avons vu comment, à la bataille de Montereau en 1814, l'empereur Napoléon a rectifié lui-même le pointage des pièces, parce que leurs effets ne répondaient pas à son attente. La direction était-elle bonne, on cherchait alors les causes des irrégularités du tir tantôt dans la position inclinée des pièces, tantôt dans la distance mal jugée.

La première cause a fait adopter dans plusieurs corps d'artillerie ces machines de pointage aussi scientifiques que compliquées dans leur construction, comme nous l'avons vu dans la dernière leçon. Nous devons à la deuxième l'invention de l'instrument à mesurer les distances et plusieurs exemples pratiques pour les évaluer.

Mais on négligea entièrement l'influence produite par la différence du métal de la pièce et du boulet sur la trajectoire; l'influence de la capacité du métal de la première pour le calorique et l'électricité, comme aussi l'influence de la température de l'atmosphère et celle de la pièce sur la force de la poudre.

Nous trouvons dans la dureté de deux degrés plus grande dans le fer que dans le bronze, composé de cuivre et d'étain, les causes de la formation des battements du boulet, si préjudiciables à la justesse du tir, et si ruineux pour les pièces.

· Nous avons démontré dans la huitième leçon, que dans le premier moment de l'inflammation de la poudre le boulet éprouve vers le bas une pression par le fluide élastique, qui passe au-dessus de lui avant qu'il ne soit mis en mouvement. Cette pression s'augmente encore par le fluide qui s'échappe par la lumière (voyez la neuvième leçon). Par cette pression que le boulet reçoit du haut, et à laquelle la pièce ne peut céder puisqu'elle repose sur la machine de pointage, il se forme un creux dans le bronze, plus mou à la place que le boulet occupe en avant de la charge, qui est appelé logement de boulet, d'où celui-ci sort après avoir été mis en mouvement par la combustion de toute la charge pour aller frapper la paroi supérieure de l'âme, et revenir ensuite contre celle du bas, et ainsi de suite jusqu'à ce qu'il soit hors de l'âme. Si le boulet en sortant de la bouche de la pièce touche la paroi du haut, la portée du projectile se trouve raccourcie; dans le cas contraire elle est allongée. La même cause amène aussi de grandes déviations dans la marche du projectile, parce qu'en sortant hors de l'axe de la pièce, il ne touche pas toujours la paroi au point le plus élevé; et comme le logement devient de plus en plus profond, les différences dans la portée et dans la déviation augmentent, jusqu'à ce qu'enfin la direction du tir se perdant tout à fait, la pièce se trouve hors de service.

Les épreuves extraordinaires qui ont eu lieu en 1786 à Douai nous font connaître le peu de dureté des bouches à feu en bronze.

CANONS.	NUMÉROS.	CHARGE en livres.	NOMBRE des coups tirés jusqu'à ce que la pièce ait été hors de service.	en général.	TEMPS EN JOURS.	REMARQUES.
De 4	1	1 1/2	1750	3000	12	Après 1750 coups, se montraient des fentes dans le métal.
Id.	2	Id.	1950	3000	12	Après 1950.
Id.	3	Id.	1950	3000	12	— 1950.
Id.	4	Id.	1750	3500	10	— 1750.
De 8	1	2 1/2	2302	3000	18	— 2302.
Id.	2	Id.	Id.	Id.	18	— Id.
Id.	3	Id.	Id.	Id.	18	— Id.
Id.	4	Id.	Id.	Id.	18	— Id.
De 12	1	4	866	916	6	Après 16 coups, le métal se trouvait enfoncé à la place de la charge de 15 points, et au logement du boulet de 19.
Id.	2	4	866	916	6	Même remarque.
Id.	3	4	850	2400	14	Après 850 coups, aucun coup n'était sûr.
Id.	4	4	850	2400	14	Même remarque. Après la dernière vérification, le logement du boulet du n° 3 était de 27 points, et celui du n° 4 de 28 points.
De 16	1	5 1/3	50	50	6	Après 40 coups, profondeur du logement du boulet, 40 points.
Id.	2	Id.	468	468	6	Après 50 id. 10.
Id.	»	»	»	»	»	— 468 id. 26.
Id.	3	Id.	425	425	9	— 50 id. 8.
Id.	»	»	»	»	»	— 425 id. 24.
Id.	4	Id.	710	720	11	— 50 id. 6.
Id.	»	»	»	»	»	— 710 id. 35.
Id.	5	Id.	810	825	12	— 70 id. 6.
Id.	»	»	»	»	»	— 825 id. 25.
Id.	6	Id.	3200	3200	12	— 70 id. 9.
Id.	»	»	»	»	»	— 3200 id. 37.
De 24	1	8	30	37	»	Après 30 coups la pièce perdait sa direction.
Id.	2	Id.	165	175	»	Après 37 coups, le logement du boulet était de 25 points. Les trois autres pièces devenaient impropres au service de la même manière.
Id.	3	Id.	30	37	»	
Id.	4	Id.	110	120	»	

Non-seulement ces épreuves nous ont donné ces résultats sur la médiocre solidité des pièces en bronze, et sur la direction du tir ; mais encore à une époque plus récente on a remarqué les mêmes inconvénients dans l'artillerie de Hesse-Darmstadt, puisqu'une pièce de 12, de 16 calibres de longueur, coulée dans la fonderie de Salzbourg, cassait ses boulets après deux cents coups, par suite de la formation du logement de boulet. D'autres corps d'artillerie peuvent aussi nous donner des expériences analogues.

Les épreuves qui ont eu lieu en 1848 à Strasbourg sur la résistance des pièces en bronze ne nous donnent pas de résultats plus avantageux que ceux de 1786 ; car plusieurs pièces de 24, après 90 et 200 coups perdaient la direction, à cause des logements et battements du boulet. Nous voyons au contraire dans l'ouvrage intitulé : *L'Artillerie pour les officiers de toutes armes*, publié en 3 volumes, Stuttgardt, 1831-1834, tom. Ier, pages 279-280, quelques pièces en fer de 6, ayant 18 calibres de longueur et pesant 950 livres, servir après une forte épreuve de 17 coups dont le plus fort a été tiré avec 6 livres de poudre et 6 boulets, pendant les écoles de 1828, 1829 et 1830 où elles ont encore tiré 424 coups avec une charge de une livre et demie, sans qu'on y ait remarqué ni logement de boulet ni élargissement de l'âme. Ces mêmes pièces (comme nous l'avons appris depuis) rendent même encore à présent le meilleur service aux exercices de l'école. Il en résulte que la cause principale de l'irrégularité du tir serait détruite, en adoptant le fer pour le métal des canons. Les frais considérables qui proviennent du rejet des pièces seraient économisés ainsi que les munitions que l'on consomme inutilement. Comme les métaux, suivant plusieurs naturalistes, sont classés dans l'ordre sui-

vant, sous le rapport de leur capacité pour le calorique:
plomb, or, étain, argent, bronze de canon, cuivre, fer, il
en résulte que dans un tir soutenu la portée qui provient d'une pièce en bronze sera plus tôt affaiblie que celle
qui vient d'une pièce en fer, parce que, comme nous
l'avons vu dans la cinquième leçon, le fluide élastique provenant de l'inflammation de la charge perd sa force par la
perte de la chaleur que la partie de la pièce qui enveloppe la charge lui enlève. L'irrégularité du tir se fait donc
plutôt sentir avec les pièces en bronze qu'avec les pièces en
fer, ou du moins la conséquence n'est pas si grande avec
ces dernières, comme on l'a démontré dans la cinquième
leçon. Ainsi, on obtient plus de justesse dans le tir avec
les unes qu'avec les autres. Quoiqu'on puisse éloigner les
causes du tir inexact avec des pièces en bronze en augmentant l'angle de mire suivant le degré de chaleur, on ne peut
pourtant pas détruire les causes principales de cette in-
exactitude.

Mais, comme d'après ce que nous avons vu dans la cinquième leçon, la température de l'atmosphère a de l'influence sur la force de la poudre, il faut établir une portée
normale à la température de 0 degré et pour la portée la
plus grande, soit avec les pièces en fer, soit avec celles en
bronze, agrandir l'angle de tir, suivant le degré d'élévation
de la colonne de mercure dans le thermomètre au-dessus
de zéro. Dans le cas contraire il faut, pour tirer juste, diminuer l'angle de tir dans la même proportion.

Lorsque la table de tir est calculée pour zéro de température, on atteindra toujours de très-près, dans les deux cas,
la portée normale, comme la plus grande. Si avec une chaleur sensible en été on vise sur le haut du but, et en hiver,
par un froid également sensible, sur son pied, lors même

que l'électricité de l'atmosphère exercerait une influence remarquable sur la force d'une charge, comme on l'a indiqué dans la cinquième leçon, il n'est cependant pas possible de chercher à l'éviter ; car cette électricité ne nous est pas aussi sensible que la chaleur et le froid.

Les influences ci-dessus ne produisent aucun effet sur le tir de la fusée ni sur sa justesse ; mais en revanche le vent en a beaucoup, parce que cette dernière n'obtient sa plus grande vitesse que vers le milieu de sa course, tandis qu'elle est la plus faible au commencement ; dans les pièces au contraire la plus grande vitesse est au départ du projectile. On doit par conséquent apporter une attention particulière à la direction du vent dans l'emploi des fusées. Nous trouvons les règles suivantes dans le *Pocket gunner*.

Chaque coup de vent agit d'abord sur la baguette ; lorsqu'il est dans la même direction de la ligne de mire, on doit pointer sous un angle plus faible, et dans le cas contraire sous un angle plus grand. Lorsque le vent prend la ligne de mire de côté, la fusée doit être dirigée sur le but en visant un peu du côté opposé. Il est facile d'appliquer ces règles aux cas où la direction du vent se trouve dans des directions intermédiaires.

TREIZIÈME LEÇON.

EFFET DES ARMES A FEU.

Le feu, la fumée et le bruit formaient autrefois, et encore un peu aujourd'hui, les principaux effets des armes à feu. D'abord nous allons examiner combien d'hommes ont été mis hors de combat dans nos dernières guerres par les munitions des différentes armes à feu, et montrer ensuite, en fixant l'effet de chacune d'elles, combien auraient pu l'être. Comme l'histoire militaire fournit peu de données à ce sujet, l'auteur va chercher dans sa propre expérience, et dans les relevés des tués et blessés, faits lors de nos derniers combats, à établir une proportion.

Une batterie à cheval, composée de 6 bouches à feu, que l'auteur eut l'honneur de commander dans les combats de 1812 à 1815, tira en Russie, en 1812, dans neuf combats et deux batailles, 1,244 coups; en France, en 1814, dans dix combats et trois batailles, 2,679 (1).

Prenons dans les exemples de la guerre d'Allemagne en

---

(1) La consommation plus faible faite en 1812 tient à l'indépendance de la batterie dans cette campagne. (Voyez la deuxième leçon.)

1813, pendant laquelle on se battait avec acharnement, le terme moyen des consommations de munitions de ces six pièces ; nous trouvons que chacune a tiré 324 coups.

Mais réduisons la consommation des munitions dans cette guerre à 230 coups par pièce, parce que l'artillerie d'une division, dans la guerre de 1814 en France, n'a tiré que 5,671 coups avec 24 pièces (voyez l'ouvrage intitulé : *Matériel d'un nouveau système d'artillerie*, Ludwigsbourg, 1827, page 95). L'armée française, avec celle de ses alliés, comptait, le 1er mai 1813, 350 bouches à feu, et l'armée russo-prussienne 664 ; en tout 1,014. Au 10 août de la même année, l'artillerie de l'armée française était de 1,071, et celle de l'armée alliée de 1586 bouches à feu. Ainsi il y en avait en tout 2,657.

Admettons que dans la première période de cette guerre on n'ait employé que 900 pièces, et dans la seconde période 2,000, nous trouverons alors pendant cette guerre une consommation en munition de 667,000 coups.

Les deux partis avaient, depuis le 1er mai jusqu'au 4 juin, du côté des Français, 135,000 hommes d'infanterie et 15,000 hommes de cavalerie, du côté des alliés 75,000 hommes d'infanterie et 49,000 hommes de cavalerie ; ensemble 210,000 hommes d'infanterie et 64,000 hommes de cavalerie. Le 10 août, pendant la continuation de cette guerre, les alliés comptaient 390,400 hommes d'infanterie et 97,600 hommes de cavalerie ; les Français 371,000 hommes d'infanterie et 40,000 hommes de cavalerie. Ainsi jusqu'au 2 octobre, jour où l'empereur Napoléon repassait le Rhin à Mayence avec son armée, il y avait des deux côtés, depuis le 1er mai, 974,000 hommes d'infanterie et 137,600 hommes de cavalerie. Si l'on admet qu'il n'y avait que les deux tiers de l'infanterie qui se trouvassent au feu, et qui n'aient con-

sommé que les munitions qui se trouvaient dans les gibernes, c'est-à-dire 40 cartouches par homme, elle aura tiré
dans cette guerre 25,904,000 coups de fusil.

La France a perdu dans cette campagne en morts, prisonniers et blessés, 292,000 hommes; les alliés 89,000. De ce
nombre il y a positivement un cinquième de prisonniers =
76,200 (1); il restait donc encore 304,800 hommes en morts
et blessés. Un quinzième de cette perte a dû être causé par
les armes blanches de la cavalerie (2); et des 284,480 restant, la moitié doit avoir été touchée par le feu de l'infanterie, et l'autre moitié par celui de l'artillerie.

Par conséquent cette dernière, avec 667,000 coups, et la
première avec ses 25,904,000 cartouches, ont mis 142,240
hommes hors de combat.

Comme dans presque tous les cas la cavalerie ainsi que
l'infanterie se trouve rangée sur deux rangs pour l'attaque,
on peut admettre que deux hommes au moins ont été tou-
chés par chaque coup de canon; d'après cela l'artillerie
comptait 10 bons coups sur 100, et l'infanterie 5 sur
1,000 (3).

---

(1) Français faits prisonniers les armes à la main à la bataille de
Leipzig, 15,000 hommes; à la bataille de Culm, 10,000; malades
faits prisonniers à Leipzig, 40,000; pris à Dresde par les armées
combinées de la Bohème, 12,000. Ainsi en portant la perte en prisonniers en un cinquième, c'est très-modéré.

(2) On n'a point admis de consommation de munitions par la cavalerie, parce qu'ordinairement elle rapporte celles qu'on lui donne
soit dans ses gibernes, soit dans les caissons.

(3) Si l'on voulait tenir compte du plus grand effet de la mitraille
et de celui des obus, ainsi que des mouvements de l'infanterie et de
la cavalerie en colonne, le nombre des coups qui ont touché se
trouverait bien diminué.

Cette approximation, éloignée de l'effet des armes à feu dans une campagne, peut être confirmée par la comparaison de la consommation des munitions des différentes armes, avec le nombre des combattants, blessés et morts dans une bataille.

A Lützen, ou Grus-Goerschen, le 2 mai 1813, il y avait du côté des alliés 59,000 combattants avec 364 bouches à feu; les Français en avaient 93,000 et 188 bouches à feu; en tout, dans les deux partis, 152,000 hommes, dont 105,000 d'infanterie et 47,000 de cavalerie avec 552 bouches à feu.

En morts et blessés les Français perdirent 15,000 hommes, les alliés 10,000; total 25,000 hommes. D'après la proportion ci-dessus, il y a eu 1,666 hommes mis hors de combat par les armes blanches de la cavalerie, 11,667 hommes par le feu de l'infanterie et 11,667 par celui de l'artillerie.

Nous allons maintenant examiner si ces nombres sont en rapport avec ceux trouvés d'après les calculs ci-dessus, dans la campagne de 1813.

Nous avons adopté plus haut qu'il n'y avait eu, dans la deuxième période de la campagne en question, que 2,000 pièces en ligne sur 2,657. Admettons, d'après cela, que dans cette bataille, sur 552 pièces, il n'y en ait eu que 415 en ligne; ces derniers ont donc tiré 95,450 coups, et l'infanterie 2,800,000, en supposant qu'il n'y en ait eu que les deux tiers en ligne.

Si l'on compte, comme on l'a fait plus haut, l'artillerie touchait 2 hommes par chaque coup qui partait, et sur 100 il y en avait six dans ce cas, et dans l'infanterie, sur 1,000, il y en avait 4.

Quoiqu'il y ait une différence ici entre cette proportion et celle qui a été calculée pour toute la campagne, et même avec celle que l'on trouve dans les exercices des écoles, nous allons encore examiner l'effet des armes à feu dans la deuxième bataille de cette campagne.

Pendant la bataille de Bautzen et les jours qui l'ont précédée, c'est-à-dire les 19, 20 et 21 mai 1813, il y avait 83,000 combattants, russes et prussiens, et 140,000 français, en tout 69,000 hommes de cavalerie et 154,000 d'infanterie avec 695 bouches à feu. La perte des deux côtés s'est élevée à 43,000 hommes.

D'après ce qui a été admis plus haut, la cavalerie aurait touché de ses armes blanches 2,866 hommes, l'artillerie par son feu 20,067 hommes et l'infanterie autant.

Dans cette bataille comme dans l'autre, il y avait des troupes employées à des démonstrations stratégiques; aussi nous ne supposerons en ligne comme plus haut que 523 pièces sur 695 et que les deux tiers de l'infanterie.

L'artillerie a alors tiré 120,290 coups, et l'infanterie 4,106,640. D'après cela, l'artillerie comptait 8 coups sur 100 qui portaient, et l'infanterie 5 sur 1,000.

Les résultats obtenus par l'examen de ces deux batailles, qui peuvent être regardés comme moyenne de toute la campagne, peuvent d'autant mieux être pris pour mesure de l'effet des armes à feu, que l'artillerie tire volontiers à une distance de 1,000 à 1,200 pas, et qu'à la distance de 1,000 pas lorsqu'elle tire contre un panneau en planches de 9 pieds de haut et 16 pieds de large, avec une pièce de 6 sur 100 coups, 6 à 9 seulement portent dans le but, et avec une pièce de 12, 11 à 15 (voyez le tableau de la probabilité de toucher un but avec le canon, dans l'ouvrage intitulé : *L'Artillerie à l'usage des officiers de toutes armes*, 3 tomes, Stuttgardt, 1831-1834, pages 79 à 82).

Quoique la pièce de 12 et l'obusier produisent un plus grand effet que la pièce de 6, on ne les a pas fait entrer dans les calculs ci-dessus, parce que cette dernière bouche à feu forme toujours la plus grande partie de l'artillerie. D'un autre côté cette mesure peut être d'autant mieux admise comme celle de l'effet des armes à feu, qu'autrefois l'infanterie ne comptait qu'un coup qui portait sur 1,000, comme nous l'a démontré, d'après l'expérience, l'ingénieur Boreux dans son écrit sur l'effet du fusil, traduit du français, Dresde, 1799.

Si dans une bataille il y a eu, suivant le maréchal de Saxe, une balle qui ait porté sur 85, il faut que l'infanterie ait tiré à une distance de 400 pas au plus.

Ici nous reconnaissons l'importance du commandement de feu, fait à propos, pour que la mousqueterie tire à la distance convenable; c'est souvent là-dessus que repose le succès de la journée; car tirer à des distances trop éloignées, c'est consommer inutilement une grande quantité de munition et appesantir une armée par un surcroît de voitures.

Dans la campagne de 1813 on a arrêté la consommation à 40 cartouches par fantassin, rien que sur les deux tiers de l'infanterie de l'armée. Les expériences suivantes nous prouvent que cette fixation est un peu faible.

Pendant la guerre de 1809 contre l'Autriche il a déjà fallu, après la bataille d'Abensberg, chercher des munitions pour l'artillerie et l'infanterie au parc général de réserve. L'infanterie avait donc déjà consommé les munitions qu'elle portait dans ses gibernes; car autrement le caisson à munitions qui suivait chaque régiment n'aurait pu être déchargé.

En 1814 à la bataille de Montereau, dans la compagnie d'infanterie qui avait été donnée pour escorte à la batterie que l'auteur commandait, afin de la couvrir, aucun homme n'avait de cartouches vers le soir; ainsi dans cette affaire l'infanterie avait consommé toutes celles qu'elle avait dans ses gibernes.

Dans ces deux affaires on se battit des deux côtés avec un tel acharnement que le nombre des prisonniers se comptait parmi les blessés et les morts.

Le mathématicien abstrait qui ne calcule que sur des hypothèses, et l'égoïste qui ne rend hommage qu'à ses principes, pourraient soutenir, contre cette appréciation, que presque en même temps les batailles de Dresde, de la Katzbach et de Grosbeeren furent livrées, et que tous les corps qui s'y trouvèrent se réunirent ensuite pour prendre part à la bataille principale de Leipzig ; que par conséquent on aurait dû admettre que pour toute la campagne les gibernes ont été vidées deux fois. Nous croyons devoir donner à ce sujet les renseignements suivants.

On est convenu que dans toute une campagne, comme dans une bataille, le tiers de l'infanterie se trouve employé à des démonstrations stratégiques, ou comme colonnes mobiles pour la sûreté de la ligne d'opération. Par la concentration des différentes divisions des deux armées, ce tiers a consommé les cartouches qui étaient dans ses gibernes. De part et d'autre il y avait sur le champ de bataille de Leipzig, les 16, 17 et 18 octobre 473,196 hommes ; diminuons-en 100,000 pour la cavalerie, 50,000 pour l'artillerie, et multiplions le reste par trois, nous obtiendrons 971,400 hommes d'infanterie, qui est la situation primitive de l'infanterie des deux armées ou à peu près.

Ces données sur la force de l'armée et sur sa perte sont tirées des ouvrages de M. le major Plotho et de M. Wagner sur la guerre de 1813.

Dans la guerre de siége, on emploie pour faire brèche comme pour démonter les batteries de l'assiégé, le tir de plein fouet exécuté avec le canon ; et, pour battre les hommes qui défendent les bastions, pour démolir, incendier des bâtiments et magasins dans les différents ouvrages, le tir courbe avec le mortier et l'obusier.

Pour ne pas nous étendre trop, nous nous bornerons à donner une comparaison des principaux effets des canons de gros calibre dans les batteries de brèches et dans les contre-batteries.

Pendant la guerre de 1811 et 1812 en Portugal, entre les Anglais et les Français, on ouvrit à l'attaque de Ciudad Rodrigo deux brèches praticables dans la maçonnerie à 620 pas de distance, et en six jours, pendant lesquels le feu ne dura que 32 heures et demie ; l'une avait 30 pieds de largeur et l'autre 100. On tira pour la première 3,037 coups et pour la deuxième 6,478. L'artillerie servait 30 canons de 24 et 2 de 18, tous en fer.

Au siége de Badajoz, on fit trois brèches dans la maçonnerie de 40, 90 et 150 pieds ; on y mit sept jours, pendant lesquels le feu ne dura que 104 heures, et on tira 31,861 coups à la même distance que ci-dessus.

L'artillerie servait 12 pièces de 24 et 14 de 18, en fer. On a donc tiré 1,225 coups par pièce (1).

Pendant la guerre de l'indépendance, en 1813, les Russes firent à la distance de 400 pas une brèche de 16 à 20 pieds de largeur dans l'ouvrage en terre de Fahrwasser par le feu de leurs vaisseaux.

---

(1) Voyez les observations du lieutenant-colonel anglais sir John May, sur l'attaque de vive force des forteresses, commentées par le lieutenant saxon C.-W. Bormann, Dresde, 1822.

L'artillerie tira 24,000 coups, parmi lesquels 8,000 bombes et obus destinés à battre la garnison de Fahrwasser (1). On tira donc pour ouvrir la brèche 16,000 coups de canon.

Cette grande consommation de munitions pour ouvrir une brèche large de 20 pieds au plus, dans un ouvrage en terre, par le feu des vaisseaux, donne à l'effet des fusées incendiaires une grande supériorité sur le feu des pièces; car en 1807, avec 40,000 fusées, on a brûlé la ville de Copenhague et ses magasins. Dans tous les cas, ce résultat, comparé à celui qu'on obtient avec les bouches à feu ci-dessus, réfute l'opinion assez mal fondée que le maréchal duc de Raguse a développée dans un rapport sur les fusées incendiaires qu'il a lu à l'académie des sciences de Paris, ainsi que celle que le général Gasendi a émise dans ses mémoires sur les fusées incendiaires.

Dans les épreuves d'artillerie qui ont eu lieu à Mayence en 1828, on tira à la distance de 600 pas, avec le canon de 24, de 22 calibres de longueur et 8 livres de charge, contre une batterie revêtue de fascines et de gabions, pourvue de deux embrasures; au 35e coup l'une d'elles était démantelée.

Pour prouver que dans les batailles (2), avec la même consommation de munitions, on aurait pu mettre plus de monde hors de combat si la plus grande portée, fixée dans la sixième leçon pour le canon et pour les armes de l'infanterie, avait été mise en pratique, et que l'on aurait économisé beaucoup

---

(1) Voyez le *Journal du siége de Dantzig*, du capitaine G.-W. de Düring, 1817.

(2) Voyez *l'Artillerie pour les officiers de toutes armes*, 3 tomes, Stuttgard, 1831-34, 1er volume.

de poudre si le projectile creux eût été employé à faire brèche, nous allons donner les résultats abrégés des écoles d'artillerie sur l'effet des armes à feu.

Les exercices de plusieurs années sur le tir contre un
panneau de 9 pieds de haut et 16 pieds de large, placé au
pied de la butte, et ceux qui ont été exécutés pour démonter (1) l'artillerie ennemie, ont donné la proportion suivante
pour les coups qui ont frappé au but, dans le tir horizontal.

Avec le canon de 6, ayant 18 calibres de longueur, chargé
avec une livre et demie de poudre :

Distance du but en pas.	Nombre de coups.	Coups qui ont porté par 100.
600	84	0,58
800	228	0,30

Avec le canon de 12, ayant 16 calibres de longueur, chargé
de 3 livres à 3 livres et demie de poudre :

| 600 | 84 | 0,47 |
| 800 | 492 | 0,43 |

Avec des canons de 24, ayant 12 calibres de longueur,
2 livres et demie de charge et un obus de 7 livres plein :

| 600 | 25 | 0,88 |

(1) Voyez *l'Artillerie pour les officiers de toutes armes*

Avec la même pièce, ayant une charge de 4 livres et un boulet plein :

Distance du but en pas.	Nombre de coups.	Coups qui ont porté par 100.
600	53	0,85

Avec l'obusier de 7 livres, ayant une charge d'une livre 13 loths et un obus :

600	40	0,04

On manque d'expériences faites avec les deux dernières bouches à feu à la distance de 800 pas.

Quant au tir courbe, nous déduisons des exercices et épreuves ci-dessus, pour la probabilité de toucher, les proportions suivantes :

Sur 100 coups tirés avec l'obusier de 7 livres de 5 calibres de longueur, il tombe dans un rectangle dont la ligne de front a 137 pieds de largeur sur 275 de profondeur, savoir :

Distance du but en pas.	Charge.	Nombre de coups.	Coups qui ont porté par 100.
600	7 loths.	15	0,38
800	10	15	0,13

Avec l'obusier de 10 livres ayant 7 calibres de longueur :

600	16 loths.	82	0,86
800	24	264	0,44

Avec le canon de 24 ayant 12 calibres de longueur :

Distance du but en pas.	Charge.	Nombre de coups.	Coups qui ont porté par 100.
600	7 loths.	16	0,68
800	10	15	0,38

Avec le mortier de 7 livres :

600	6 3/4 loths.	16	0,53
800	8 1/2	15	0,46

Avec le mortier de 10 livres :

600	12 loths.	10	0,40
800	16	10	0,75

Avec le mortier de 30 livres :

600	1 livre.	8	0,75
800	1	8	0,87 (1)

---

(1) Si pour le tir courbe on réduisait la surface du but aux dimensions de celui qui a servi au tir horizontal, le nombre des coups du premier tir qui ont porté ne dépasserait pas celui des coups du tir horizontal. La raison pour laquelle l'artillerie adopte un si grand but pour le tir courbe ne peut s'expliquer que par le double effet du projectile creux. Aussi le tir de ce projectile ne peut être mis en usage dans les batailles et combats que contre de grandes masses de troupes, et dans l'attaque des forteresses que comme moyen de

L'aperçu suivant sur l'effet de la mitraille est tiré de l'ouvrage intitulé : *Matériel d'un nouveau système d'artillerie*, Ludwigsbourg, 1827, et des épreuves d'artillerie faites à Mayence en 1828. Voyez aussi *l'Artillerie pour les officiers de toutes armes*, 1831-1834, 1er vol.

---

destruction contre les défenseurs ; c'est pour cela que cette bouche à feu entre dans les équipages d'artillerie dans un rapport assez faible.

BOUCHES à feu.	CHARGE.	NOMBRE et calibre des balles.	DISTANCES en pas.	COUPS PORTANTS.	RÉSULTAT.
Canon de 6.	1 livre 1/2.	42 de 5 1/2 lo.	300	20	8
Id.	id.	id.	400	14	8
Id.	id.	id.	500	15	8
Id.	id.	id.	600	9	8
Id.	id.	id.	700	8	8
Canon de 12.	3 livres.	42 à 10 1/2 lot.	300	22	8
Id.	id.	id.	400	19	8
Id.	id.	id.	500	10	8
Id.	id.	id.	600	13	8
Id.	id.	id.	700	7	8
Obusier de 10 l.	2 livres.	81 de 10 1/2	300	47	8
Id.	id.	id.	400	33	5
Id.	id.	id.	500	24	8
Id.	id.	id.	600	17	8
Id.	id.	id.	700	12	5
Canon de 12.	4 livres.	34 de 24 loths.	400	16	5
(12 calibres de	»	»	600	14	5
longueur.)	»	»	800	10	5
»	»	133 de 6 loths.	400	63	5
»	»	»	600	32	5
»	»	»	800	18	5
Canon de 24.	8 livres.	34 de 24 liv.	400	12	5
(22 calibres de	»	»	600	15	5
longueur.)	»	»	800	11	5
»	»	133 de 6 loths.	400	62	5
»	»	»	600	43	5
»	»	»	800	27	5
Obusier de 7 liv.	1 liv. 13 loths.	57 de 6 liv.	400	22	5
»	»	»	600	12	5

Le journal intitulé *Archives des officiers d'artillerie et du génie prussiens*, 3ᵉ année, nous donne des résultats très-satisfaisants sur les effets du tir des obus à balles ou Schrapnell (1).

L'artillerie norwégienne s'est servi pour cela d'un canon de 12, de 10 calibres de longueur, et d'un canon ordinaire de 6, de 17 calibres. L'obus de la pièce de 12 contenait 90 balles de plomb et 10 loths de poudre pour le faire éclater; l'obus du canon de 6, 35 balles de plomb et une charge d'explosion de 5 loths. La charge de la première pièce était d'une livre trois quarts et celle de la seconde d'une livre. Un panneau en planches de 150 aunes de long, 8 pieds de haut et un quart de pouce d'épaisseur formait le but.

—————————————

(1) Voyez le *Spectateur militaire*.

DISTANCE du but.	NOMBRE de coups.	BALLES qui ont		COUPS portants.
		traversé.	touché.	

RÉSULTAT DU TIR DE LA PIÈCE DE 12.

DISTANCE du but.	NOMBRE de coups.	traversé.	touché.	COUPS portants.
700 aunes.	10	28	4,7	32,7
900	15	27	6,8	33,8
1200	17	20	9,3	29,3
1400	11	10,5	7,1	17,6
1600	19	14,3	9,0	23,3
1800	13	6,1	9,0	15,1
2000	18	1,2	5,6	11,8

RÉSULTAT DU TIR DE LA PIÈCE DE 6.

DISTANCE du but.	NOMBRE de coups.	traversé.	touché.	COUPS portants.
700	15	19,6	3,2	22,8
800	20	17,3	3,4	20,7
1000	15	12,9	2,4	15,3
1200	15	11,5	2,1	13,6
1400	17	10,6	3,0	13,6
1600	16	4,6	1,2	5,8
1800	11	4,5	5,6	10,1

L'artillerie belge se servait pour cela d'un obusier long avec une charge de 2 livres 13. L'obus à balles de 4 livres 7 pesait 16 livres 35, poids de Prusse. Il était rempli de 130 balles et 18 loths de poudre.

On tirait sur six cibles en planches l'une derrière l'autre; la plus éloignée avait 95,5 pieds de longueur et 8,9 pieds de hauteur; les quatre premières avaient 20 pieds de longueur et 8,9 pieds de hauteur; elles étaient placées à 25 pas de distance l'une de l'autre; la sixième était à 400 pas derrière la première.

DISTANCE du but.	NOMBRE de coups.	ÉLÉVA-TION en pouces.	COUPS qui ont porté sur toutes les cibles à la hauteur de	
			l'infanterie.	la cavalerie.
1200 pas.	16	5° 15″	46 à 76	60 à 89
1000	12	3° 35″	16 à 134	22 à 144
800	12	2° 35″	23 à 120	39 à 147
600	6	2° 3″	74 à 166	89 à 209
400	5	1°	125 à 158	166 à 281

On a tiré sur les cibles ci-dessus avec la même pièce et la même charge la mitraille ordinaire; la boîte contenait 56 balles de 6 loths 1/2, et pesait 16 livres.

800	12	»	7 à 14	9 à 16
600	6	»	13 à 23	18 à 31
400	5	»	13 à 35	13 à 35

Pendant les épreuves faites à Mayence en 1828, on a fait feu sur un ouvrage en terre, à la distance de 600 pas, avec un canon de 12, de 12 calibres de longueur, 2 livres et demie de charge, et des obus fortement chargés. Sur 14 coups, 11 ont touché, et les deux embrasures ont été démolies.

On a fait à Woolwich en 1824, au moyen du tir courbe, une brèche dans une muraille construite d'après le système Carnot.

Cette muraille, de 21 pieds de haut, avait au bas 30 et en

haut 28 pieds de longueur, en dedans du contrefort ; au bas elle avait 7 pieds d'épaisseur et en haut 6. Il y avait à la place ordinaire une embrasure. A 60 pieds de la muraille il y avait une contre-garde en terre aussi élevée qu'elle ; on avait établi derrière un terre-plein en terre, représentant un bastion, de 4 pieds plus haut que la muraille.

Le feu a commencé le 5 août, à 485 pas de la crête de la contre-garde, par deux batteries de 3 obusiers de 8 pouces et de 3 de 10 pouces, avec des obus fortement chargés, et à 600 pas de cette même crête, avec 8 caronades de 68 livres chargées à boulets. Après un feu qui a duré 6 heures, chaque pièce avait tiré 100 coups, et il y avait une brèche praticable de 14 pieds de largeur.

L'effet des armes à feu de l'infanterie est bien différent de celui des bouches à feu ; nous allons rapporter ici le résultat d'une épreuve que le général Scharnhorst nous donne, dans son *Traité sur l'effet des armes à feu*, Berlin, 1813, comme applicable à cette arme dans les batailles.

Dix fantassins placés sur un rang faisaient feu contre un panneau en planches de 6 pieds de haut et 100 pieds de largeur, jusqu'à ce que chacun d'eux eût tiré 200 coups.

| FUSIL. | CHARGE. | DISTANCE du but. | BALLES qui | | COUPS por- tants. |
			ont traversé.	se sont en- foncées et sont restées.	
Prussien vieux..	1 loth.	100 pas.	56	36	92
Id.	id.	200	58	6	64
Id.	id.	300	56	8	64
Id.	id.	400	23	19	42
Id.	id.	500	8	18	26
Id.	id.	600	2	17	19
Prussien nouveau.	3/4 loth.	100	141	8	149
Id.	id.	200	98	7	105
Id.	id.	300	48	10	58
Id.	id.	400	14	18	32
Id.	id.	500	10	19	29
Id.	id.	600	»	14	14
Id.	2/3	100	153	»	153
Id.	id.	200	113	»	113
Id.	id.	300	70	»	70
Id.	id.	400	22	45	67
Français.	3/4	100	151	»	151
Id.	id.	200	99	»	99
Id.	id.	300	49	4	53
Id.	id.	400	33	12	45
Anglais......	3/4	100	94	»	94
Id.	id.	200	116	»	116
Id.	id.	300	75	»	75
Id.	id.	400	53	2	55
Suédois......	1 loth.	100	80	»	80
Id.	id.	200	116	»	116
Id.	id.	300	58	»	58
Id.	id.	400	39	8	47
Russe........	1 loth.	100	104	»	104
Id.	id.	200	74	»	74
Id.	id.	300	51	»	51
Id.	id.	400	40	»	40

D'après la sixième leçon, sur 134 coups du canon de 6, à

une distance de 400 à 1000 pas, une surface circulaire de 9 pieds de diamètre a été touchée sans ricochet par la pièce en fer 32 fois, et par celle en bronze 20 seulement, parce que le fer est moins conducteur du calorique que le bronze, et parce que dans la première, suivant la douzième leçon, il ne s'y forme pas de logement de boulet sensible.

Si dans la campagne de 1813 l'artillerie s'était servie de canons en fer au lieu de canons en bronze, sur 667,000 coups qu'elle a tirés elle aurait compté 6,409 bons coups de plus et par conséquent abattu 12,816 hommes en sus de ce qu'elle a mis hors de combat. Ainsi, indépendamment de la matière, le canon en fer donne encore à l'artillerie plus de justesse dans le tir, deux avantages très-dignes d'attention, tant sous le rapport financier que sous celui de la tactique. Si l'artillerie s'en était en outre tenue à la plus grande portée moyenne qui, déterminée dans la cinquième leçon, coïncide avec celle où le fusil d'infanterie n'a plus aucun effet, elle aurait compté deux tiers de bons coups de plus (voyez les résultats des écoles d'artillerie rapportés ci-dessus), et par conséquent, avec ses 667,000 coups elle aurait tué ou blessé 400,000, au lieu de 142,240. Enfin, si l'artillerie avait tiré des obus avec des canons de 24, de 12 calibres de longueur, elle aurait tué au moins 800,000 hommes, suivant les résultats ci-dessus des écoles.

En comparant ce que l'artillerie a fait dans la campagne de 1813 avec les munitions qu'elle a consommées, et ce qu'elle aurait pu faire, on ne peut se refuser à reconnaître combien elle pouvait augmenter ses effets, ou combien pour arriver au même but elle pouvait diminuer la consommation de ses munitions par l'emploi du fer dans la fonte des pièces (1), et en se renfermant dans ce qui a été dit dans la sixième leçon sur l'effet des bouches à feu, sur l'étendue dans laquelle on doit se renfermer et sur le choix de l'emploi qu'on en fait.

L'artillerie des Pays-Bas, qui selon Paixhans se sert dans les batailles et dans les combats, comme dans les siéges, de l'obusier de 10 calibres de longueur, avec 1 pouce 5 lignes de hausse et une charge d'une livre, et qui lance son obus à 600 et 700 pas, s'est procuré une supériorité marquée sur les autres artilleries.

Si l'infanterie ne tirait pas à plus de 400 pas, elle aurait au moins, suivant les résultats ci-dessus du tir à la cible avec le fusil, 10 coups sur 100 de plus qui toucheraient, supposition qui peut être justifiée par la perfection de l'instruction du soldat dans la tactique et par une consommation considérable de munitions dans le tir à la cible.

En admettant sur l'effet du fusil cette hypothèse modifiée d'après ce qui a été dit plus haut, l'infanterie aurait dans la

---

(1) Le comte Lamartillière nous indique dans son ouvrage l'imperfection des pièces par ces mots : « L'art de couler les pièces en » bronze se trouve encore aujourd'hui au même degré que lorsqu'il » sortait de l'enfance, il y a des siècles. »

Depuis que ces mots ont été écrits, la science de la fonte des bouches à feu en fer s'est perfectionnée. Voyez là-dessus le *Manuel technique pour les jeunes artilleurs*, t. 2, Stuttgard, 1821-1823; l'*Aperçu sur le perfectionnement de l'artillerie*, Ludwigsbourg, 1825, et l'*Artillerie pour les officiers de toutes armes*, t. 3, Stuttgard, 1831-1834.

campagne de 1813 mis hors de combat 2,602,400 hommes avec ses 26,024,000 cartouches; ou, en supposant qu'on ait appliqué ces règles de tactique aux batailles de cette campagne, elle aurait consommé 602,400 cartouches en moins. (Voyez la première leçon.)

Il serait à désirer que cette considération engageât les ministres de la guerre à établir de pareilles comparaisons en les faisant suivre des prescriptions que réclame la tactique.

Si les Anglais, dans les attaques déjà mentionnées de Cuidad-Rodrigo et de Badajoz, avaient mis en usage le tir courbe, ils auraient économisé plusieurs centaines de quintaux de poudre, parce que la charge pour ce tir est aussi faible que pour le tir à ricochet. Au reste, ils n'auraient pas obtenu ce résultat avantageux, s'ils ne se fussent pas servi de pièces en fer.

Si les Russes, pour faire une brèche également mentionnée ci-dessus à l'ouvrage en terre de Fahrwasser, s'étaient servi du tir horizontal avec le canon de 24, chargé à obus, ils auraient, suivant les démonstrations données plus haut, tiré tout au plus 4,000 obus de 7 livres, au lieu de 16,000 coups de canon; car il a fallu 35 coups à boulet tirés avec le canon de 24 chargé à 8 livres de poudre pour détruire une embrasure, tandis qu'avec 14 coups d'obus, tirés avec le canon de 24 court et 2 livres et demie de charge, on en a démoli deux. Un coup à obus produit donc, contre un ouvrage en terre, un effet cinq fois plus grand que celui à boulet du même calibre.

On peut donc avancer sans crainte d'être contredit qu'en employant le tir courbe contre les ouvrages en maçonnerie et l'obus contre les ouvrages en terre, on peut économiser beaucoup de munitions et par conséquent diminuer considérablement les parcs de siége et ceux de campagne, surtout si l'on met à profit en temps de guerre les résultats des expériences faites à grands frais pendant la paix sur les effets des armes à feu.

QUATORZIÈME LEÇON.

CHARGE DE POUDRE DES CANONS.

Le poids de la charge des bouches à feu dépend, en général, de la force de la poudre, du vent, de la longueur des pièces, de leur masse et de la vitesse initiale avec laquelle le projectile doit atteindre le but, mais spécialement de l'objet qu'on se propose dans le tir.

On a démontré dans la dixième leçon que les différentes espèces de tir en usage dans l'artillerie peuvent se réduire à deux, c'est-à-dire au tir horizontal du boulet plein et au tir courbe. Avec la première espèce de tir on a pour objet, dans les batailles, d'empêcher l'ennemi qui s'avance de venir sous le feu ; et dans les siéges, de faire brèche aux maçonneries à une distance convenable, afin d'ouvrir à l'infanterie un passage pour une attaque à la baïonnette. Dans ce dernier cas, la plus grande vitesse initiale du projectile est nécessaire, parce qu'il doit avoir une grande force de percussion.

Cette condition exige l'emploi d'une forte charge.

Mais comme les forces que la nature a mises dans nos mains pour le mouvement des corps durs sont limitées par la résistance de leur masse, et par celle de l'atmosphère, attendu qu'aucune force mobile n'a encore atteint l'infini, le poids des charges de poudre relatives à chaque projectile a aussi sa limite, qui, lorsqu'on la dépasse, n'agrandit pas l'effet de ce dernier, mais au contraire diminue l'économie du système, parce qu'une augmentation dans la charge nécessite une plus grande résistance dans le métal des bouches à feu et dans les affûts.

Lombard nous a donné dans son ouvrage intitulé *Traité du mouvement des projectiles,* page 146, tabl. 7, les vitesses initiales suivantes, qu'il a calculées sur la trajectoire obtenue par plusieurs épreuves, d'un canon de 24, de 22 calibres de longueur, tiré sous le même angle d'élévation mais avec des charges différentes.

CHARGE.	VITESSE INITIALE.
1/3 de livre.	500 pieds.
1	575
1 1/2	700
2	809
2 1/2	906
3	989
3 1/2	1065
4	1132
5	1250
6	1320
8	1425
10	1475
12	1530

Ce résultat, tiré d'expériences pratiques, nous donne pour maximum la charge du tiers du poids du boulet, parce

que la vitesse initiale du projectile ne s'accroît plus sensible-
ment lorsqu'on dépasse cette limite. La cause en est principalement dans cette circonstance, qu'en augmentant la
charge, la longueur de l'âme que le projectile doit parcourir
diminue, et qu'avec cette diminution les vitesses initiales di-
minuent aussi. (Voyez la deuxième leçon.)

Ce maximum du poids de la charge, relativement à celui du
boulet, qui doit donner au projectile la plus grande force de
percussion, n'est pas reconnu généralement par l'artillerie
de toutes les puissances, comme nous le prouvent les différences du poids des charges pour le canon de 6, rapportées
dans le tableau suivant pour une poudre normale.

CHARGE POUR LE CANON LÉGER DE SIX LIVRES EN POIDS FRANÇAIS (1).

ARTILLERIES.	CHARGE pour le tir		LONGUEUR des pièces en calibres.
	à boulet.	à mitraille.	
Prusse.	2 liv. 4 loths.	2 liv. 14 loths.	18
Autriche. . .	1 23	2 13	16
Saxe.	1 29	1 29	18
Russie.	1 21	1 21	16
Angleterre et Hanovre. .	1 12	1 12	16

(1) Voyez le traité intitulé *Matériaux pour un nouveau système
d'artillerie,* Ludwigsbourg, 1827, page 91.

La poudre normale qui a servi à déterminer le poids des charges ci-dessus relativement à celui du projectile a donné à l'éprouvette, dans des circonstances toutes pareilles, le résultat suivant (1) :

Poudre.	Nombre de degrés à l'éprouvette à crémaillère.
Autrichienne de 1818.	45 degrés.
Prussienne de 1820.	97
Saxonne de 1820.	40
Hanovrienne de 1820.	92

Avec la même longueur et le même vent, le canon de 6 autrichien a la plus forte charge, parce qu'on y emploie la poudre la plus faible ; c'est par la même raison qu'avec la même longueur et le même vent l'artillerie saxonne a une charge plus forte que celle de Wurtemberg.

La charge qui approche plus du quart que du tiers du poids du boulet correspond à une force de percussion suffisante. Nous en avons la preuve dans un coup de canon de 6, tiré à la bataille de Smolensk à la distance de 600 à 700 pas, qui, d'après l'histoire de M. de Ségur de la guerre de 1812 contre la Russie, tome 2, page 54, aurait abattu le deuxième rang d'une compagnie qui comptait 22 hommes.

Quoique la poudre russe soit forte, elle ne doit pourtant pas surpasser celle de la Prusse.

Les raisons fournies par l'auteur du *Système de l'artillerie à cheval*, Leipzig, 1823, pour l'adoption de la charge du

(1) Voyez le même traité, page 92.

quart du poids du projectile, et une longueur de canon de 46 calibres, sont confirmées par l'exemple suivant :

La portée du canon de 6, de 16 calibres de longueur, avec la charge du quart du poids du projectile, n'est diminuée que de 90 pas relativement à celle du même canon de 6, de 18 calibres de longueur, chargé au tiers du poids du boulet. (Voyez la deuxième leçon.)

Cette différence dans la portée augmente d'une manière à peine remarquable, dans l'usage du tir élevé, l'espace qui n'est pas touché par le projectile, comme nous le voyons dans les dixième et onzième leçons, surtout lorsqu'on s'en tient aux plus grandes portées moyennes déterminées dans la sixième leçon pour toutes les circonstances.

Le canon de 6, de 16 calibres de longueur, avec une charge du quart du poids du projectile, réunit donc à une vitesse initiale suffisante une force de percussion également suffisante.

En adoptant la charge du quart et une longueur de 16 calibres, l'artillerie se procure encore les avantages suivants :

Plus de facilité dans les mouvements, qui peuvent aussi durer plus longtemps; plus de facilité aussi dans le maniement des pièces; moins de dépenses pour les approvisionnements et pour l'achat du matériel; économie dans les moyens de transport.

Cette proportion de la charge des pièces est un sujet de remarque si important pour l'artillerie que nous devons nous y arrêter plus spécialement.

La petite charge demande une épaisseur moindre en métal; d'après Borkenstein, les épaisseurs du métal des pièces sont proportionnées aux parties des surfaces courbes de l'âme qui enveloppe les charges; par conséquent les poids des pièces sont proportionnés à celui de ces dernières. En Autriche, la pièce de 6, de 16 calibres de longueur, construite pour une charge du tiers, pèse 819 livres poids de Paris. Si elle était construite pour la charge du quart, elle pourrait ne peser que 614 livres, car 2 livres est à 1 livre 5 comme 819 livres est à 614 livres. Ce poids est très-approché de celui de la pièce anglaise construite pour la charge du quart, de 16 calibres de longueur, qui pèse 628 livres de Paris.

D'après ce rapport, déduit de la théorie du poids de la charge à celui de la pièce, le canon de 12 devrait peser, relativement à la même charge et à la même longueur, 1,200 livres au plus, parce que les cylindres sont entre eux dans le rapport du produit de leurs hauteurs par le carré des diamètres de leurs bases, et de plus, comme avec les charges proportionnées des pièces de 6 et de 12 la surface courbe qui enveloppe cette dernière est proportionnellement plus petite que celle qui enveloppe la charge du canon de 6, la résistance du métal de la première doit être plus faible en proportion que celle du second.

M. de Rouvroy, dans ses *Leçons sur l'artillerie*, a calculé sur cette base les charges suivantes pour les canons ayant une ligne de vent sur 8 livres de boulet.

Pour un canon de 4 livres,	1 livre	24 loths.	
Idem de	6	2	10 1/2
Idem de	8	2	28
Idem de	12	4	1
Idem de	18	5	24
Idem de	24	7	16

Suivant ce tableau, la vraie charge pour le canon de 12 serait de 2 livres 64, car elle s'accorde avec cette proportion 2,325 : 4,05 :: 1,5 : 2 livres 19 loths. Avec cette charge, on obtiendra dans les mêmes circonstances une portée égale à celle de la pièce de 6, vu qu'il s'y trouve des rapports semblables entre les surfaces des boulets et celles des cylindres, et que le boulet de 12 éprouve moins de résistance de la part de l'air que le boulet de 6; qu'enfin le vent de la pièce n'augmente pas avec le calibre, mais qu'il est au contraire fixe pour chacun. (Voyez la septième leçon.) Par conséquent, si le canon de 6 ne pèse que 628 livres, celui de 12, avec la charge du quart comme lui, ne devrait peser que 1,040 livres, car on a 4 : 2,6 : : 1600 : 1040.

Ainsi cette artillerie, qui a reconnu que la charge du quart du poids du projectile était suffisante pour le tir à boulet et pour le tir à mitraille, et qui se sert de pièces construites pour la charge du tiers, traîne par conséquent deux quintaux de bronze en trop pour chaque pièce de 6, et quatre pour chaque pièce de 12.

Dans un grand parc d'artillerie, l'inconvénient de ce surcroît de métal se fait vivement sentir, ainsi que sa grande valeur. Dans la guerre contre Napoléon, en 1814, il y avait de part et d'autre, en première et deuxième lignes et dans la réserve, 3,904 pièces, dont le quart devait être des obusiers et un autre quart des canons de 12. On comptait donc 1,952 pièces de 6 et 976 pièces de 12.

Ces artilleries, qui toutes, à l'exception de celle des Anglais, servaient des pièces construites pour la charge du tiers du poids du boulet, avaient ainsi avec elles 7,808 quintaux de métal en trop, et une valeur superflue de 608,480 florins, en ne calculant le quintal de bronze fini qu'à 60 florins.

Par l'adoption de la charge du quart du poids des projectiles, la grande mobilité de l'artillerie y gagnera encore; le poids des affûts peut être diminué en proportion de la diminution du poids de la pièce, et par cette double diminution les roues peuvent être construites plus légèrement, parce qu'elles auront moins à porter, et par la diminution de la charge elles auront aussi moins à redouter du tir.

Les données suivantes sur le poids de pièces de 6 nous montrent la grande influence de la charge sur la mobilité de l'artillerie.

CANON DE 6, anglais, de 16 calibres de longueur, construit pour une charge du quart du poids du boulet.	CANON DE 6, anglo-français, de 18 calibres de longueur, construit pour une charge du tiers du poids du boulet.	CANON DE 6, système Gribeauval, de 18 calibres de longueur, construit pour une charge du tiers.	
		Ancien.	Nouveau.
Poids.	Poids.	Poids.	Poids.
Du canon. . . 650 l.	850	850	850
De l'affût avec accessoires. 509	672	959	806
De l'avant-train. . . . 512	551	593	565
De 50 cartouches. . . . 375 dont 32 à balles.	260 dont 24 à balles.	102 dont 32 à balles.	260
Des 4 roues. . 695	882	742	760
TOTAL. . . 2741 l.	3215	3246	3241
Poids de Paris. 2609	3071	3317	3220

Le deuxième canon est celui qui a été désigné dans la deuxième leçon, p. 39, comme ayant besoin, sur une plate-forme horizontale, d'une force de tirage de 61 livres pour être mis en mouvement, le troisième 81 livres, et le quatrième 74.

Comme il est reconnu que les diamètres des fusées et des roues étant égaux, et la position du centre de gravité la même, les charges des voitures sont entre elles comme les forces nécessaires pour les mettre en mouvement, le premier canon ne demande que 48 livres sur une plate-forme horizontale. Ce canon, auquel le colonel prussien Monhaupt donnait la préférence sur tout autre dans les feuilles périodiques militaires de Berlin, 1820, etc., etc., se trouve avoir par là, attelé de 4 chevaux, une plus grande mobilité que le deuxième, et pouvoir transporter plus de munitions que lui, sans lui rien céder en efficacité, ainsi qu'il a été prouvé plus haut.

Celles des artilleries qui ont reconnu que la charge du quart du poids du projectile était suffisante, et qui cependant conservent le canon construit pour celle du tiers, sous prétexte que la mitraille ainsi que le boulet pour ruiner des ouvrages en terre nécessitent une plus forte charge, ne font pas attention à l'effet plus considérable et plus certain des obus à balles, et même des obus ordinaires pour cet objet, ainsi que l'emploi du tir courbe à faible charge pour faire brèche.

Suivant Hoyer, les artilleries russe et saxonne se servent des canons les plus légers, relativement aux charges indiquées ci-dessus ; le poids du canon monté sur son affût, prêt à entrer en campagne, s'élève comme il suit, poids de Paris :

| Canon de 6. | Canon de 12. |

Russe, avec 18 coups, 2050 liv.	Avec 12 coups, 3473 liv.
Autriche, 14 2326	8 3362
Prusse, 60 3625	40 4753
Saxe, inconnu. 2193	inconnu. 3180

Nous ajouterons à ces données celles que nous trouvons dans l'ouvrage du lieutenant d'artillerie prussien Jacobi, intitulé : *Description de l'artillerie de campagne européenne,* relativement aux charges de ces canons.

ARTILLERIES.	CANONS.	LONGUEUR.	CHARGE.	Nombre de coups portés sur l'affût.	POIDS de Paris de la voiture.
Pays-Bas. .	De 6	17 calibr.	1/3 du poids du projectile.	32	4007 l.
	12	16 id.	1/3 id.	22	5226
France. . .	8	17 id.	1/3 id.	32	3648
	12	17 id.	1/3 id.	23	4364
Anglais. . .	3 l. pesant.	22 id.	1/3 id.	78	2663
	6 léger.	16 id.	1/4 id.	50	2609
	6 fort.	22 id.	1/3 id.	50	3582
	9	17 id.	1/3 id.	32	3843
	12	16 id.	1/3 id.	18	4380

D'après ces données sur le poids des canons, celui de 12, construit pour la charge du quart, attelé de six chevaux, a la

même mobilité que celui construit pour la charge du tiers
attelé de huit chevaux.

Ces précieux renseignements sur les charges des canons
reçoivent encore plus de lumière de l'examen de la campagne de 1814 en France : en effet, si dans cette campagne
les pièces eussent été construites pour la charge du quart,
on aurait compté en moins 5,856 chevaux et 2,928 hommes ;
on aurait également employé en moins 5,441 quintaux de
poudre (voyez la treizième leçon sur les munitions consommées par une pièce dans une campagne), et la formation des
parcs d'artillerie aurait coûté 1,508,344 florins de moins,
en admettant, pour l'achat, l'équipement et l'entretien d'un
cheval pendant une campagne, 116 florins ; pour l'habil-
lement, l'armement et l'entretien d'un homme, seulement
100 florins, et en portant le quintal de poudre à 40 florins.

Si l'artillerie avait suivi l'instruction de Frédéric le Grand
(troisième leçon), l'économie aurait encore été augmentée.

Nous croyons qu'il est de notre devoir de renvoyer le lecteur aux paroles historiques du comte de Montalembert,
que nous avons rapportées dans la deuxième leçon.

Combien le budget de l'artillerie ne peut-il pas être
réduit par l'exacte application des sciences qui s'y ratta-
chent ! Aux preuves que nous venons d'en donner on peut
joindre celles qu'on peut tirer de l'examen des parties constituantes de la poudre.

Les artilleries prussienne et hanovrienne se servent,
comme il a été dit ci-dessus, de la poudre la plus forte ; elle
consiste en un mélange de 71 à 73 parties de salpêtre, 17 à 18
parties de soufre et de 9 à 11 parties de charbon.

L'artillerie autrichienne et celle du grand duché de Hesse
se servent d'une poudre de moitié plus faible ; elle contient
74 parties de salpêtre, 15 de soufre et 10 de charbon. (Voyez

le *Manuel technique à l'usage des jeunes artilleurs*, t. II, Stuttgard, 1822.) Si l'artillerie autrichienne adoptait le dosage
prussien, elle pourrait, ainsi que celle du Hanovre, qui emploie le canon de 6, de 16 calibres de longueur, se contenter
de la charge d'une livre 12 loths, et pour le canon de 24, de
2 livres 24 loths. On peut donc opérer de grandes économies
sur les parties constituantes de la poudre; car le salpêtre
seul est plus cher que la poudre.

Cette analyse de l'influence des sciences et des arts sur
l'artillerie nous ramène encore une fois à la nécessité d'avoir
un corps polypyrotechnique qui a déjà été reconnu nécessaire dans la deuxième leçon.

Quant au tir horizontal de l'obus exécuté avec le canon, le
rapport de la charge au projectile n'est pas employé comme
pour le tir du boulet plein, parce qu'on fait principalement
usage de l'obus pour démolir des ouvrages en terre, et dans
les combats pour remplacer le tir à mitraille; par conséquent sa force de percussion est moins à considérer que ses
effets.

Pour déterminer la plus forte charge de l'obusier, indiquée
dans la sixième leçon, il faut rechercher quelle est la profondeur à laquelle l'obus doit pénétrer dans toutes sortes de
terrains, et quelle est la charge qu'il faut lui donner pour que
son action, semblable à celle d'une mine, forme le plus grand
entonnoir possible; comme par exemple en tirant contre
un ouvrage en terre à la distance de 600 pas, avec différentes
charges, jusqu'à ce que l'on ait trouvé la charge correspon-
dante à la vitesse initiale ou à la force de percussion la plus
favorable. C'est de cette manière qu'on fit des expériences
d'artillerie à Mayence en 1828, sur les canons de 24, de 12
et 24 calibres de longueur; on a trouvé que la charge de 2
livres et demie est la plus favorable pour le tir horizontal de

l'obus. Cette charge donne avec l'obus de 7 livres 4°,19 d'élévation, et le canon de 24, de 12 calibres de longueur, une
portée de 1,334 pas, et avec le canon de 24, de 24 calibres
de longueur, une portée de 1,558 pas. (Voyez l'ouvrage intitulé *Artillerie pour les officiers de toutes armes,* 3 vol.,
Stuttgard, 1831-1834.)

QUINZIÈME LEÇON.

SUR LES CHARGES DES OBUSIERS ET DES MORTIERS.

Pour faire connaître la cause primitive qui fait que les faibles charges usitées dans le tir courbe donnent au projectile une quantité de mouvement telle qu'il arrive au but avec une force de percussion égale à celle d'un boulet plein lancé avec une forte charge, il est nécessaire d'entrer dans quelques considérations sur le rapport du poids des charges à celui de la bouche à feu et de son projectile, dans le tir courbe.

Lorsqu'une masse dans l'état de repos est mise en mouvement par une force motrice quelconque, on doit lui attribuer, pour résister à cette force, une puissance proportionnelle à l'intensité du mouvement produit. Cette puissance du projectile s'appelle *inertie*.

Tout corps mis en mouvement par une force motrice continuerait à se mouvoir en ligne droite avec une vitesse invariable, s'il n'y avait rien en lui qui modifiât la première impulsion. Or, comme il décrit une ligne courbe, il doit être sollicité par une autre force qui altère la première. Cette force est la pesanteur, qui l'éloigne à chaque moment de la tangente à la courbe qu'il décrit.

Soit *a*, fig. 10, planche II, un point mobile poussé par

une force vers *b* et par une autre vers *c*, il suivra dans le premier instant la diagonale *ab* du parallélogramme *abcd*; dans le deuxième instant il suivrait avec la même vitesse la direction *de*, si la force *df* n'agissait pas sur lui; il suivra donc la diagonale *dg*; par la même raison, il suivra dans le troisième instant la ligne *gh*. En supposant ces instants infiniment petits, la ligne brisée *adgh* devient une ligne courbe.

Si les directions de la seconde force se dirigent vers un seul point *c*, cette force s'appelle centripète; la première, lorsqu'elle a une direction qui est tangente à la courbe que le point décrit, s'appelle force tangentielle.

Comme la gravité n'abandonne jamais les corps, il en résulte que dans leur chute, livrés à eux-mêmes, ils sont précipités vers la terre avec un mouvement uniformément accéléré; par conséquent, un corps pesant, poussé verticalement en haut par une force motrice, a, au commencement de son mouvement, une vitesse égale à celle qu'il aurait en tombant de la hauteur où il doit atteindre; c'est-à-dire que la pesanteur diminue, à chaque instant infiniment petit, la vitesse acquise, jusqu'à ce qu'elle l'ait entièrement anéantie. Arrivé à son point culminant, il retombe avec une vitesse qui va sans cesse en augmentant.

Si la direction de la force motrice n'est pas verticale, mais inclinée à l'horizon, comme *ab*, fig. 11, planche II, le mobile suit une ligne qui est le résultat de la décomposition de cette force en une verticale *ad* et une autre horizontale *ac*; en vertu de la première et de la pesanteur, il monte avec un mouvement uniformément retardé jusqu'en *g*; en vertu de la seconde, il va d'un mouvement uniforme dans une direction horizontale vers *ac*. Pour obéir à ces deux forces en même temps, il décrit la courbe *ae*.

Arrivé au point *e*, la pesanteur ferait tomber le corps ver-

ticalement vers *c*, si la force d'impulsion, qui n'est pas entièrement détruite par celle-ci, ne le poussait vers *h*; il
décrit par conséquent dans sa chute la courbe *ef* égale à *ea*.
Si l'on suppose au point *a* une bouche à feu, et que *f* soit le
but qu'on veut atteindre avec un boulet plein, la distance
af déterminera la vitesse initiale avec laquelle ce projectile
atteindra le but; car, à partir du point où celui-ci commence
à décrire une courbe, la pesanteur fait sentir son action.
(Voyez la leçon X , fig. Ire.) Dans le tir courbe, la pesanteur
du projectile commence déjà à se faire sentir en *i*, et il reçoit
en *e* la première impulsion tangentielle qui le pousse vers *h*;
à partir de ce point elle agit avec la même intensité pour le
faire descendre que la force motrice en mettait pour le faire
monter; il atteint donc le but avec la même force que le
boulet plein. Par ces effets opposés de la force d'impulsion
et de la pesanteur, il arrive qu'on peut compenser la charge
par l'angle de tir (1). Ainsi l'obus de 7 livres, tiré par l'obusier autrichien de ce calibre avec 16 loths (8 onces) de poudre et 3 pouces et demi de hausse, atteint un but éloigné de
500 pas avec la même force que lorsqu'il est tiré horizontalement avec une charge de 20 loths. Ou bien l'obus de 7 livres,
tiré avec 40 loths et la hausse de 3 pouces et demi, atteint
un but éloigné de 1200 pas avec la même vitesse qu'il atteint
celui éloigné de 500 pas avec la charge de 16 loths. Ce rap-

---

(1) Rouvroy a calculé que la vitesse initiale du boulet de 12
saxon, tiré avec la charge du tiers de son poids sous l'angle de zéro
degré d'élévation, le canon ayant 18 calibres de longueur, était de
705 aunes, et sous l'angle de 4° 43' ou 6 pouces de hausse, de 660
aunes. A.

port pour les mortiers et les obusiers est dépendant de la distance du but et de la courbure de la trajectoire, comme les tables de tir rapportées dans la Xe leçon l'indiquent.

Le général Carnot nous fait connaître d'une manière incontestable, dans son système de fortification, qu'on peut ainsi faire une brèche dans un mur revêtu comme l'artillerie anglaise nous le montre (Voyez la XIIe leçon). La très-faible consommation de poudre dans le tir courbe comparé au tir de plein fouet nous impose la nécessité de l'employer la plupart du temps dans la défense des places. Il n'y a que pour détruire des ouvrages en terre que le tir horizontal de l'obus est préférable au tir courbe. De même, dans la guerre de campagne, lorsqu'on a l'offensive et par conséquent lorsqu'on n'a à craindre aucune attaque et que l'espace entre les combattants ne doit pas être battu, le tir courbe est à préférer au tir de plein fouet, principalement avec des obus à balles ou schrapnells, aux distances fixées dans la VIe leçon.

SEIZIÈME LEÇON.

DES CHARGES DES PROJECTILES CREUX.

———

Les projectiles creux lancés sur des ouvrages en terre doivent y produire l'effet de mines, et sur des troupes l'effet d'une boîte à mitraille, ainsi qu'on l'a déjà fait remarquer dans les leçons précédentes. Dans le premier cas, la charge d'explosion doit être la plus forte; dans le deuxième, elle doit être telle que le projectile fournisse le plus d'éclats possible. Mais, pour sa propre sûreté, on doit établir une limite à la dispersion de ces éclats; on prend ordinairement pour cette limite la portée du tir normal, car à cette distance le tir à mitraille commence à être efficace.

Le rapport du poids de la charge d'explosion à celui du projectile creux dépend de la pesanteur spécifique du fer, ou de l'épaisseur des parois, parce que cette dernière détermine la capacité intérieure du projectile. C'est sur cette base qu'on a établi les différents poids des projectiles creux, et leurs charges d'explosion, comme on le voit dans le tableau suivant, en mesures françaises, tiré des ouvrages de Gay-de-Vernon et de Morla.

ARTILLERIE.	PROJEC- TILES.	DIAMÈTRE.	POIDS.	ÉPAISSEUR du métal		CHARGE d'explosion.
				à la lumière	au côté opposé.	
		pouces.	livres.	pouces.	pouces.	livres.
Française...	bombes.	8,1	44,0	0,91	1,20	1,00
	obus.	8,1	44,0	0 91	1,20	1,00
	»	6,0	24,0	0,91	1,20	0,75
	»	5,4	14 0	0,35	0,49	0,62
Prussienne...	bombes.	9,9	109,5	1,66	1,66	4,56
	»	7,9	54,7	1,35	1,35	2,73
	»	5,9	25,1	1,02	1,02	0,91
	obus.	5,9	25,1	1,02	1,02	0,91
	»	5,1	12,5	0,74	0,74	0,68
Saxonne...	bombes.	8,9	94,6	1,11	1,36	2,20
	»	7,7	61,8	0,97	1,19	1,70
	»	6,1	32,3	0,76	0,88	1,02
	obus.	4,9	16,3	0 65	0,65	0,68
Anglaise...	bombes.	11,2	169,9	1,80	1,80	5,72
	»	8,5	79,5	1,38	1,38	1,98
	»	6,8	33,9	1,05	1,05	1,60
	obus.	4,6	13,0	0,72	0 72	0,50
	»	3,6	6,8	0,57	0,57	0,26
Autrichienne.	bombes.	10,6	141,3	0,99	2,16	9,16
	»	8,4	70,6	0,79	1,72	4,25
	»	5,6	23,5	0,54	1,19	0,89
	obus.	5,6	23,5	0,54	1,19	0,89
	»	5,1	16,0	0,48	1 05	0,81
	»	3,2	4,0	0,49	0 68	0,20
Française...	bombes.	11,8	150,0	1,50	2,08	5,00
	»	10,0	102,0	1,50	2,25	3,00

Le rapprochement qu'on peut faire sur ce tableau des différents projectiles creux prouve l'incertitude des rapports entre l'épaisseur de leurs parois, leurs diamètres ou poids, et la charge d'explosion; c'est-à-dire que dans la détermination des épaisseurs des parois et des charges d'explosion on n'a suivi aucun procédé systématique. Pour nous en convaincre, nous allons, sur les données ci-dessus, calculer, d'après le diamètre du projectile creux, son poids, l'épaisseur des parois et sa charge d'explosion.

En supposant que la densité relative du fer soit de 7,2, et le poids de l'eau de pluie 70 livres de Paris, il en résulte pour les bombes concentriques, relativement à leurs diamètres, les poids, les épaisseurs des parois et les charges d'explosions suivantes.

Les projectiles ayant en mesure de Paris les diamètres qui suivent :

| DIAMÈTRE. | POIDS | | ÉPAISSEUR du métal aux parois. |
	du projectile.	de la charge.	
pouces.	livres.	livres.	pouces.
5,48	14,00	0,62	0,65
6,00	18,37	0,81	0,71
8,12	45,54	2,01	0,96
10,00	85,07	3,76	1,18
11,83	140,84	6,26	1,40

Quand au contraire ces mêmes bombes ont des poids différents, on a :

11,83	150,00	5,00	1,53
10,00	90,60	3,02	1,29
8,12	48,50	1,61	1,05
6,00	19,57	0,65	0,77
5,48	14,91	0,49	0,71

D'après ces calculs, les projectiles creux de l'artillerie française ont, dans le premier cas, en trop, savoir :

POUR LA BOMBE DE	POIDS		ÉPAISSEUR du métal aux parois.
	du projectile.	de la charge.	
pouces.	livres.	livres.	pouces.
6,00	5,43	0,06	0,34
8,12	1,54	1,01	0,09
10,00	16,93	0,76 en moins.	0,69
11,83	9,52	1,26	0,39
Et dans le second cas :			
10,00	11,40	0,02	0,58
8,12	4,50	0,01 en m.	0,00
6,00	4,43	0,10	0,28
5,04	0,91	0,26	0,36 trop faible

Dans des expériences extraordinaires faites à Mayence en 1828, sur l'artillerie, on a tiré avec un canon de 24 de douze calibres de longueur, un obus de ce calibre ayant 5,4 pouces de Paris de diamètre, pesant 13,5 livres aussi de Paris, et dont les parois avaient moyennement 0,8 pouce d'épaisseur. La charge de la pièce était de 2 livres et demie, et celle du projectile d'une livre. L'objet de ce tir était de détruire un ouvrage en terre. On tirait à 600 pas du but; la pénétration du projectile était de 1,5 à 2 pieds. L'obus forma non-seulement le plus grand entonnoir, mais il éclata même en quatorze et vingt-quatre morceaux. Comme aucun de ces éclats ne fut lancé en arrière jusqu'à l'emplacement de la batterie, et que la bouche à feu promet à cette distance un effet décisif, les données ci-dessus peuvent être regardées comme normales ; on .pourra donc, lorsque le diamètre d'un projectile creux sera donné, calculer son poids, l'épaisseur de ses parois et sa charge d'explosion.

Si dans l'usage des obusiers on veut en obtenir les effets du mortier plutôt que ceux du canon, on doit les tirer avec une faible charge, parce que sur un grand angle l'obus pénètre aussi profondément dans la terre, à cause de la hauteur de sa chute, que s'il avait été tiré horizontalement avec une forte charge; si au contraire en campagne on veut en obtenir les effets du canon, on doit se servir de la machine à régler la longueur des fusées, et employer cette dernière charge, parce que dans le premier cas l'obus a besoin d'une plus forte charge d'explosion que dans le deuxième, attendu que dans ce dernier elle doit seulement le faire éclater, et que dans l'autre elle doit en outre avoir assez de force pour en chasser les éclats au loin, après avoir vaincu la résistance que la terre dans laquelle il s'est enfoncé oppose à cette action, afin que ce dernier puisse encore faire l'effet d'un coup à mitraille.

C'est d'après ces principes que doivent être fixés les rapports de la charge d'explosion de ces obus dans les différentes artilleries. L'artillerie anglaise, qui emploie les obusiers comme les canons, doit donner à celui de 7 livres la charge de 36 loths (18 onces), pour atteindre un but éloigné de 1,153 pas; tandis que l'artillerie autrichienne, pour atteindre avec le même obusier un but situé à 1,000 pas seulement, ne doit le charger que de 16 loths. L'obus anglais contient une charge d'explosion de 0,50 livre, tandis que celui des Autrichiens en contient une de 0,89.

Nous préférons l'emploi des obusiers selon la première manière, avec une faible charge dans la bouche à feu et une forte dans l'obus; car, sans que leur efficacité en soit diminuée, on y emploie moins de poudre et moins d'hommes pour leur service. Si l'on réduit la charge de l'obusier anglais de 7 livres à 16 loths, et qu'on augmente la charge d'explosion de son obus de 16 loths, on aura une économie de poudre de 4 loths sur chaque coup. Il y avait en 1814, dans les grands parcs de l'armée d'invasion en France, 976 obusiers; chacun a dû tirer 324 coups; par conséquent on y aurait consommé 390 quintaux de poudre en plus, et comme il aurait fallu deux hommes de plus à chacune de ces pièces, on aurait eu, en suivant la méthode anglaise, c'est-à-dire en employant les obusiers comme les canons, une augmentation de 1,952 hommes. Si en se servant de faibles charges pour les obusiers on en employait aussi de faibles pour les obus, les éclats de ces derniers resteraient dans les entonnoirs qu'ils produisent par leur explosion, car ils y seraient arrêtés, comme l'expérience le prouve. Dans ce cas, le tir à obus n'a pas plus d'effet que le tir à boulet. Afin de déterminer la charge normale d'explosion pour une épaisseur de métal donnée, nous allons examiner les résultats des expériences faites à Mayence en 1828 sur cette matière. La commission fut chargée de constater comment se comportent en général dans leur explosion les bombes de 8 pouces concentriques et excentriques; quel était le nombre et le poids de leurs éclats. A cet effet, on les fit éclater dans une fosse de forme cubique de huit pieds de profondeur, dont le sol était couvert de madriers de 2 pouces et demi d'épaisseur, et les parois d'un double revêtement pareil. La bombe qu'on voulait faire éclater était posée au milieu, la fusée en haut; on y ajoutait ensuite une étoupille. La fosse était alors recouverte de poutres sur lesquelles on mettait une couche de fascines. La bombe concentrique, pesant vide 54 livres de Paris, avait un diamètre de 8 pouces 10, et pour épaisseur aux parois 1 pouce 3, mesure de Paris. La bombe excentrique, pesant vide 42,6 livres, avait un diamètre de 8 pouces 12, une épaisseur de métal à l'œil de 0 pouce 9, un culot de 1 pouce 2, et par conséquent en moyenne 1 pouce 05, toujours en mesure de Paris.

« La diversité des poids des deux espèces de bombes, qui » ont à peu près le même diamètre, n'est pas attribuée par » la commission à la nature du fer, quoiqu'il ne soit pas de » première qualité dans la première, et qu'il soit supérieur » dans la deuxième ; mais à la différence dans les épaisseurs » du métal. »

EXPÉRIENCES SUR LES EXPLOSIONS.

CHARGES en livres.	NOM-BRE de mor-ceaux.	POIDS des morceaux		POIDS moyen.	NOMBRE d'éclats qui	
		plus petits.	plus grands.		ont frappé en haut.	sont restés en place.

A. BOMBES CONCENTRIQUES.

		livres.	livres.	livres.		
1,00	11	1,09	12,6	53	3	»
1,25	14	1,56	6,25	51	1	1
1,25	14	1,56	8,6	54	2	»
1,25	18	0,9	5,9	52	»	3
2,64	21	0,67	5,8	52	2	1
2,64	18	0,21	7,8	54	2	3
2,64	19	0,3	5,38	45	»	5

B. BOMBES EXCENTRIQUES.

1,25	21	0,2	4,6	42	3	1
1,25	12	0,15	4,»	40	»	1
1,25	16	0,7	4,7	41	1	»
1,25	21	0,2	3,6	34	»	5
1,5	18	0,2	4,7	»	1	»
2,64	29	0,1	4,9	42	»	14
2,64	32	0,09	3,8	39	»	19
2,64	23	0,2	4,8	32	»	8
4,00	26	0,3	4,6	34	»	4
4,00	39	0,15	3,6	35	2	3
4,00	28	0,06	3,56	31	»	11

Si nous examinons le poids calculé antérieurement pour la bombe du calibre de 25 livres, d'après la mesure et le poids de la bombe du calibre de 7 livres, nous trouverons une faible différence avec celui des bombes soumises aux essais, sous le rapport du poids et de l'épaisseur des métaux, comparés aux diamètres. Si nous comparons en outre les épaisseurs de métal aux charges d'explosion, eu égard aux résultats favorables rapportés antérieurement pour démolir des ouvrages en terre atteints par des obus de 7 livres, ayant une faible charge, et à ce que la charge de 4 livres de la bombe de 25 livres n'a point fourni de meilleur résultat que celle de 2,64 livres, par rapport au nombre et au poids des éclats, on devra adopter les mesures et poids de la bombe de 25 livres comme normales, pour calculer sur cette base, d'après un diamètre donné, le poids, l'épaisseur du métal et la charge d'un projectile creux. On doit supposer dans cette détermination le projectile creux concentrique; car, dans le cas contraire, on ne peut procéder d'une manière rationnelle, puisque, suivant la théorie, un projectile dévie d'autant moins que son centre de figure tend davantage à se confondre avec son centre de gravité. Par la diminution des épaisseurs de métal, on peut diminuer la charge d'explosion, lors même que cette charge, considérée comme normale, serait un minimum. Dans les expériences déjà citées de Mayence en 1828, un obus de 7 livres fut brisé dans le coffre d'un épaulement, sa charge étant restée intacte.

DIX-SEPTIÈME LEÇON.

DES FUSÉES DE GUERRE COMME ACCESSOIRE UTILE A L'EFFET DÉVASTATEUR DE L'ARTILLERIE.

Pour établir un parallèle entre les fusées de guerre et les bouches à feu, nous allons d'abord décrire la fusée sous le rapport matériel, comparer la nature de ses effets avec la nature de ceux des bouches à feu, et chercher ensuite à combiner l'emploi des unes avec celui des autres. Un cartouche en tôle contient la composition qui lui donne le mouvement, et se trouve réuni à un projectile qui est ou un boulet ou une boîte à mitraille, une boîte incendiaire ou bien aussi un obus dans une boîte incendiaire. Nous avons tiré la description suivante des fusées de guerre du système des fusées incendiaires de Hoyer, Leipzig, 1827.

La fig. 12 de la planche II représente une fusée confectionnée d'après l'ancienne méthode, pareille à celles que les Anglais ont jetées sur Copenhague en 1807. *a* est la composition avec une anse évidée *m*, *b* la matière combustible et fusante, *c* un premier bouchon d'argile ou d'osier, *d* la charge de poudre grainée destinée à l'explosion, *e* un deuxième bouchon, *f* un obus, *g* une boîte en tôle garnie de trous et remplie de roche à feu.

La fig. 18 est la coupe d'une fusée incendiaire trouvée en 1809 sur un brûlot anglais, examinée par M. d'Arcet. a est la composition avec une âme m et la matière combustible b, c un bouchon d'argile, d un anneau de goudron, e la charge, i un deuxième bouchon, t la composition incendiaire renfermée dans la boîte entourée de fer-blanc qui brûle par les trous pp, et prend feu au moyen du conduit gg rempli de roche à feu. La boîte incendiaire est engagée dans le cartouche et enveloppée de ficelle.

La fig. 14 représente une fusée confectionnée à Hambourg en 1813, par M. de Brulard, capitaine dans l'artillerie française, ayant un boulet incendiaire revêtu d'un sac de toile, le tout attaché à la fusée. Par suite d'une convention entre les gouverneurs français et danois, M. de Brulard reçut les notions nécessaires pour cette confection, d'un capitaine de la marine danoise, M. Schumacher. Etonné de la grande justesse du tir de ces fusées et de leur effet, qu'il n'aurait pas soupçonné sans M. Schumacher, alors chef d'une escadre sur les côtes de Seeland, il fit au maréchal Davoust, qui commandait à Hambourg, la proposition d'employer ce projectile à la défense de la place. Quelques essais qui réussirent la firent adopter au maréchal, qui l'employa avec succès en 1814, à la défense de Magdebourg.

La grande part que les fusées incendiaires eurent en 1807 à la destruction de Copenhague rendit le gouverneur danois attentif à ce projectile, et il chargea le capitaine Schumacher de leur confection (1).

_____

(1) Dans son ouvrage intitulé *Système des fusées incendiaires*,

La fig. 15 est une fusée ayant une boîte incendiaire en fer coulé, de forme conique.

La fig. 16 est la même fusée avec des grenades à main, renfermées dans un sac de toile et destinées à produire l'effet de boulets de tranchée.

La fig. 17 est encore la même fusée avec un obus.

La fig. 18 est une fusée semblable, avec une boîte à mitraille au milieu de laquelle se trouve une charge de poudre destinée à lancer avec force les balles dans toutes les directions. La baguette est fixée à toutes ces fusées par des liens en fer *p r*.

La fig. 19 est une fusée du dernier modèle, dans laquelle la baguette est vissée au centre du cartouche ; *a* le cartouche en tôle, *b* le culot en fer coulé, qui a dans le milieu un trou taraudé pour recevoir la baguette, et autour de ce trou cinq autres trous, comme l'indique la fig. R ; *c* est la coupe de ce culot dans lequel se trouve le bout taraudé de la baguette *d;*

Leipzig, 1827, le général Hoyer s'exprime sur le capitaine Schumacher de la manière suivante :

« Cet officier, qui réunissait les connaissances de l'artillerie à celles
» de l'ingénieur, est mort depuis trois ans (en 1824). Il avait aussi
» bien mérité de son pays pour les services qu'il a rendus dans la
» marine que par ses travaux sur les fusées incendiaires. Quoiqu'il
» eût un cœur excellent et des formes aimables, il a pourtant eu
» beaucoup d'ennemis dans l'artillerie danoise, qui ne pouvait lui
» pardonner sa supériorité, ou la nécessité de recevoir ses ordres.
» Aussi, bien qu'il eût toute la confiance de son gouvernement, qui
» l'honora de quelques missions, il doit à cette cause de n'avoir pas
» eu à se louer d'un avancement mérité. »

e la boîte incendiaire, *d* le bord emboîté et enveloppé de ficelle de cette même boîte.

La fig. 20 est une fusée armée d'un simple boulet. Cette fusée, y compris le boulet, n'a que trois diamètres du cartouche de longueur.

Le général Hoyer cite encore quelques idées mises en avant par les partisans des fusées de guerre, dans le but d'éviter toutes les plaintes que l'on portait contre la baguette; mais comme jusqu'à présent ces idées n'ont pas reçu la sanction de l'expérience, il faut s'en tenir à la baguette telle qu'elle est, et se familiariser avec elle, afin de ne pas se méprendre sur les ressources que l'artillerie peut tirer d'un auxiliaire si utile, dans les circonstances de la guerre où elle est obligée de rester en arrière, ou bien où elle est un obstacle aux mouvements des autres armes (car après tout une bouche à feu est une voiture), et afin de ne pas ajourner la solution de cette question jusqu'à la réalisation de ces idées; car le talent a besoin de temps pour porter ses conceptions à leur perfection, et les progrès ne se font que lentement. Dans l'examen d'une pareille arme, on doit toujours s'en tenir à ce qui a été éprouvé, et ne pas calculer sur de nouvelles inventions, pour ne pas se trouver pris au dépourvu en cas de guerre, et n'avoir pas à lutter contre des armes supérieures.

Les fusées de guerre des Anglais sont désignées par le poids d'un boulet en fer du diamètre extérieur de la fusée, comme il suit :

Suivant le poids du boulet.

De 1 livre, $1\frac{3}{5}$, 2, 3, 6, 12, 18, 24, 32, 42, 64, 74.

Suivant le diamètre.

1 pouce 82. 2,3. 2,75. 3,50. 4,5. 5. 5,7. 6. 6,78. 7,6. 8 p.

Longueur du cartouche.

3 calibres $\frac{1}{9}$, $3\frac{1}{2}$, $3\frac{1}{4}$, $2\frac{4}{7}$, $2\frac{5}{18}$, $2\frac{2}{3}$, $2\frac{8}{29}$, $2\frac{7}{12}$, $2\frac{37}{56}$, $2\frac{1}{2}$.

Telles étaient les dimensions des fusées qui furent envoyées en 1819 à Ceylan.

Les fusées confectionnées à Hambourg en 1813, sur le modèle danois, par M. de Brulard, avaient les longueurs suivantes :

Pour le diamètre du cartouche.

De 3 pouces   — $5\frac{1}{2}$ à $7\frac{1}{4}$ calibres de longueur.

De 3 pouces 5 — $6\frac{3}{4}$ calibres de longueur.

Les cartouches des fusées fabriquées en 1815 dans les Indes, par le major Perlby, comparés à ceux des fusées à la Congrève, avaient les dimensions suivantes :

ESPÈCES DE FUSÉES.	DIAMÈTRE EXTÉRIEUR.	LONGUEUR.		
	pouces.	pi.	po.	lig.
Perlby.	4 9,5	2	4	2
	2 8,4	1	8	»
	1 8,7	»	11	2,7
Congrève.	3 6,5	2	3	7
	2 8,6	1	7	9
	1 8,7	»	11	5

La longueur des cartouches de ces fusées n'est pas essentiellement différente de ce qu'elle était dans les fusées de M. de Brulard. Si les fusées danoises ont été confectionnées d'après celles que les Anglais ont employées en 1807 contre

Copenhague, cette longueur est aussi celle des premières fusées des Anglais; elles furent peu à peu réduites à n'avoir que trois calibres, afin de pouvoir y employer des baguettes plus courtes. Celles-ci sont représentées par la fig. 20, planche II.

Les fusées des plus petits calibres, comme celles dont il a été question plus haut, ayant été trouvées trop courtes avec une longueur de trois calibres, on leur a donné les proportions suivantes :

Suivant le poids du boulet.

3, 4, 8, 12, 16 loths.

Suivant le diamètre.

0,85, 0,94, 1,18, 1,35, 1,49 pouces.

Longueur du cartouche.

$6 \frac{3}{4}$, $6 \frac{1}{4}$, 6, $5 \frac{1}{5}$, 6, $5 \frac{1}{4}$, 6 calibres.

Pendant les dernières guerres, les Anglais employaient dans les bombardements les fusées de 32 et de 42 livres, et dans les batailles celles de 12 et de 24. Les fusées de 74 livres de calibre doivent avoir été les plus grandes. Mais celles de ce calibre qui ont été confectionnées jusqu'à présent ne paraissent avoir été employées que dans des expériences.

L'ouvrage cité plus haut, du général Hoyer, donne pour les fusées de guerre les compositions suivantes :

FUSÉES.	ESPÈCE.	DIAMÈTRE.	DOSAGE EN LIVRES.				
			pulvé-rin.	salpê-tre.	soufre.	char-bon.	chlo-rate de po-tasse.
Françaises, fabriquées à Hambourg en 1813.	avec boulet.	po. 3	8	»	»	$2\frac{1}{4}$	»
		$3\frac{1}{2}$	8	1	»	$3\frac{1}{4}$	»
		4	»	8	2	$4\frac{3}{4}$	»
Françaises, fabriquées à Vincennes en 1810 et 1815.	avec boîte incendiaire.	2	4	»	$\frac{7}{16}$	1	»
		2	4	»	$\frac{4}{16}$	1	»
		3	8	»	$\frac{4}{16}$	$2\frac{6}{16}$	»
		$3\frac{1}{2}$	8	»	$\frac{2}{16}$	$2\frac{5}{16}$	»
		4	16	»	5	4	»
Danoises.	avec boulet.	$3\frac{1}{2}$	»	48	5	$12\frac{1}{4}$	»
		»	»	48	5	$13\frac{1}{4}$	»
		»	»	48	5	$14\frac{1}{3}$	»
Anglaises. . . .	avec boîte incendiaire.	6	»	7	1	1	14
		7	»	8	1	1	16
		8	»	20	1	1	8
	avec boulet.	$2\frac{1}{4}$	»	2,5	1	1	4
		$2\frac{1}{2}$	»	2,5	1	1	5
		$3\frac{1}{2}$	»	3	1	1	6
		$4\frac{1}{2}$	»	3,75	1	1	7,5
		$5\frac{1}{2}$	»	4,5	1	1	9
		6	»	5	1	1	10
		$6\frac{1}{2}$	»	6	1	1	12
Autrichiennes. .	avec boulet.	$2\frac{1}{2}$	»	6,8	15	17	»

Ces compositions de fusées sont essentiellement différentes dans les artilleries autrichienne, française et danoise,
et se distinguent encore particulièrement de celles des fusées anglaises par l'absence du chlorate de potasse. On y a
sans doute évité l'emploi de cette matière, qui donne une

force extraordinaire à la composition, à cause de sa très-facile inflammation et afin de ne pas exposer à des accidents les ouvriers qui en font le battage.

En Angleterre, la composition est comprimée sans secousse, au moyen de la presse hydraulique. On voit que ceux qui emploient les fusées dans la composition desquelles il n'entre point de chlorate de potasse, ont devant les yeux ce principe en vertu duquel on tire les obus sous un grand angle avec une faible charge, comme par exemple les Autrichiens, tandis que les Anglais les tirent sous de petits angles avec de fortes charges (Voyez la leçon XVI). Par conséquent il ne leur faut pas une composition aussi vive que pour ces derniers, qui, pour le tir des fusées comme pour celui de l'obus, sont forcés de n'employer que la plus faible élévation possible, afin que dans les combats on puisse les tirer même posées à terre ; qu'elles ne s'élèvent point au-dessus de la hauteur d'un homme, et qu'elles aient assez de force pour déchirer le sol comme un boulet qui ricoche. Une fusée avec une composition lente, sans chlorate de potasse, peut aussi bien que celles-ci être tirée à terre, car par sa pesanteur elle est à chaque instant détournée de la direction qui lui est donnée. En vertu du principe développé dans la XVe leçon, celle qui est tirée horizontalement peut, en frappant sur le terrain, ne pas le déchirer ni le fendre, mais se retourner et revenir en arrière sur le point d'où elle est partie. Le tir des fusées se distingue essentiellement du tir des bouches à feu, en ce que les projectiles sont frappés par un fluide qui leur donne une très-grande vitesse initiale, et que la résistance de l'air tend à diminuer plus ou moins, tandis que la fusée commence son mouvement avec une faible vitesse qui s'augmente jusqu'au moment où elle atteint le but, par l'inflammation croissante de la composition et par le poids décroissant de cette dernière. Si donc elle est tirée sous un grand angle, elle atteindra, en vertu du principe ci-dessus, avec une plus grande vitesse que la bombe ou l'obus, l'extrémité *e*, fig. 2, planche II de la trajectoire; par conséquent elle pénétrera avec une plus grande force, puisqu'à partir du point *c*, la fusée sera non-seulement poussée comme le projectile par son propre poids, mais encore par l'action du fluide dégagé de la composition contre l'air atmosphérique.

D'après M. le baron Charles Dupin, on obtient avec les fusées à la Congrève les portées suivantes :

CALIBRE des fusées.	CHARGES.	ÉLÉVATIONS.	PORTÉES.
livr.		degr.	pas.
12	Boîtes à mitraille de 48 balles de plomb. . .	45	2,755
12	Idem, de 72 balles.	45	2,285
32	Boulet en fer avec 5-12 l. charge d'explosion.	55	2,755
32	Obus.	50	3,430
32	Boîtes incendiaires avec 18 l. de roche à feu.	60	2,285
32	Idem, avec 12 livres.	55	2,755
32	Idem, avec 8 livres.	55	3,430
32	Mitraille Schrapnell avec 200 balles.	55	2,755
32	Idem, avec 100 balles.	50	3,430
42	Obus ovales.	60	4,000

M. de Montgery compare la vitesse et la pénétration d'une fusée de 3 pouces ½ de calibre, qui avec la boîte incendiaire et la baguette pèse 42 livres, à un obus de 6 pouces tiré sous un angle de 40°, avec une vitesse initiale de 900 pieds par seconde. Il obtient les résultats suivants :

DISTANCE du but.	VITESSE CALCULÉE		POIDS des fusées.	PÉNÉTRATION dans la terre calculée	
	de la fusée.	des obus.		pour la fusée.	pour l'obus.
en pas.	en pieds.	en pieds.	en livres.	pieds.	pieds.
»	»	950	42	0,0	7,0
250	158	850	37	0,9	5,5
500	224	760	31	1,7	4,4
750	274	680	32	2,4	3,5
1,050	316	608	30	3,0	2,8
1,200	354	544	28	3,8	2,3
1,500	387	486	27	4,0	1,8
1,750	418	435	26	4,8	1,4
2,000	447	389	25	5,2	1,2
2,250	474	357	24	5,4	1,0
2,500	500	338	»	5,7	0,9
2,750	530	364	»	6,4	1,0
3,000	565	385	23	7,3	1,1
3,250	605	414	»	8,4	1,3
3,500	650	451	»	9,7	1,6
3,700	700	510	»	11,0	2,0

Dans la dernière guerre on a vu une fusée traverser un massif en bois d'une épaisseur de 10 à 15 pieds.

POIDS DES DIFFÉRENTES FUSÉES DE GUERRE.

FUSÉES.	DIAMÈTRE.		POIDS y compris celui de la baguette.		OBSERVATIONS.
	pi.	po.	livr.	one.	
Anglaises — suivant Perlby.	4	9	46	17	
	2	8	16	12	
	1	8	5	6	
suivant Congrève.	3	6	31	14	
	2	8	16	»	
	1	8	4	4	
Françaises — 1810 à 1815, fabriquées à Vincennes.	2	»	10	5	
	3	»	26	2	
	3	6	40	12	
	4	»	55	11	
de 1813, fabriquées à Hambourg.	3	6	26	»	Avec un obus.
	3	6	26	»	Avec un sac plein de petites grenades.
	3	»	20	13	Avec un cone en fer coulé et de la compos. incend.
	3	»	18	12	Avec un obus.
	3	»	19	2	Avec une boîte à balles.

Comme la fusée reçoit sa force d'impulsion de la résistance que l'air oppose à l'écoulement du fluide qui provient de la combustion de sa composition, sa portée dépend de sa longueur, de la plus ou moins grande vivacité de sa composition, et de la quantité de fluide développée dans chaque moment.

Pour donner plus de vivacité à la composition, elle est

battue sur une broche, ou, si elle est comprimée et que le cartouche soit plein, on l'évide. Suivant la règle adoptée, la fusée n'est évidée que jusqu'à la profondeur *b* fig. 13, planche II. Toute la composition qui entoure le vide brûle à la fois, et le feu ne se communique à la charge *e* que lorsqu'elle est entièrement consumée. La longueur de cette âme, d'après Hoyer, est telle, pour une fusée de 3 calibres, que la partie pleine a un calibre, la longueur de l'amorce aussi un calibre, la partie destinée à recevoir les bouchons et le projectile un calibre. D'après cela et les diamètres donnés précédemment, la fusée anglaise du calibre de 24 a, dans sa partie pleine, 5 pouces 7 de longueur, et l'amorce autant.

L'âme des fusées françaises confectionnées à Vincennes avait les dimensions suivantes :

	Pieds.	Pouces.	Pieds.	Pouces.	Pieds.	Pouces.
Calibres des fusées.	»	3	»	$3\frac{1}{2}$	»	4
Longueur de tout le cartouche. .	2	»	2	11	3	»
Longueur de l'âme.	1	7	2	4	2	4
Diamètre de l'âme derrière. . . .	»	» $\frac{1}{2}$	»	» $\frac{5}{8}$	»	» $\frac{5}{8}$
Diamètre de la lumière.	»	$1\frac{1}{4}$	»	$1\frac{1}{4}$	»	$1\frac{1}{4}$
Longueur de l'amorce.	»	$3\frac{1}{2}$	»	5	»	5

La longueur et le diamètre des âmes des fusées sont donc différents suivant la nature de la composition et la longueur du cartouche.

Pour que la fusée une fois lancée suive la direction qu'on lui a donnée, on doit la garnir d'une baguette qui, en raison de la longueur et du diamètre de la fusée, doit avoir des dimensions telles qu'à 2 pouces de l'orifice de cette dernière se trouve le centre de gravité du système. La longueur des baguettes a été fixée de $5\frac{1}{3}$ à 6 fois celle de la fusée. Cependant la partie qui la joint à la fusée a moins de grosseur que le reste de la longueur. D'après le général Hoyer, les baguettes ont les dimensions suivantes :

CALIBRE de la fusée.	LONGUEUR du cartouche.	BAGUETTE EN BOIS.		
		Longueur.	Epaisseur	
			supérieurement.	inférieurement.
livres.	pouces.	pieds. pouces.	pouces.	pouces.
1	7	3 10	1	$\frac{5}{9}$
3	8	4 10	$1\frac{1}{2}$	$\frac{2}{3}$
6	9	4 6	2,1	$\frac{3}{4}$
12	$10\frac{1}{4}$	4 8	2,4	1
18	12	5 8	2,5	1
24	13	5 6	2,8	$1\frac{1}{2}$
32	$15\frac{1}{2}$ 20	$6\frac{1}{2}$ 8 6	3	$1\frac{1}{2}$
42	18 22	$7\frac{1}{2}$ $8\frac{1}{2}$ 6	3,4	$1\frac{3}{4}$
74	25	10 6	3,8	2

Afin de pouvoir être emballées et transportées plus commodément, les cartouches des fusées dont les baguettes ne sont pas vissées sur leur milieu, comme à la fusée fig. 19, planche II, sont garnies de viroles *p r*, fig. 15, 16, 17, au moyen desquelles ces dernières sont fixées à la fusée. Comme la pesanteur de la fusée avec son projectile, ainsi que celle de la baguette, ont une influence sur l'épaisseur de cette dernière, on ne peut jusqu'à présent déterminer d'une manière invariable les fusées et leurs projectiles.

Il faut étudier avec soin toutes les parties de la fusée pour les combiner de manière à lui donner la plus grande vitesse possible, et pour que, tirée sous le plus grand angle qu'on peut fixer à 45°, et seulement aux distances de sept à huit cents pas, ou tout au plus mille à onze cents pas, comme on l'a indiqué dans la VIe leçon, sa composition ait cessé de brûler et communique le feu à la charge au moment où elle atteint le but. Quant au tir courbe sous de plus petits angles, il faut avoir une machine à régler le temps que doit durer la fusée, semblable à celle qui a été décrite pour fixer la durée des fusées des projectiles, de telle sorte que la charge d'explosion prenne feu au moment où elle atteint le but ; ou bien il faut fabriquer des fusées particulières pour être tirées sous les grands angles, et d'autres pour être tirées sous les petits.

Pour tirer les fusées sous différents angles, on se sert d'un chevalet portatif pesant 15 à 20 livres, qui a trois pieds qu'on peut rassembler et qui sont garnis à leurs extrémités de pointes de fer. Dans sa partie supérieure se trouve un fort cylindre creux en métal, terminé inférieurement par une partie triangulaire sur laquelle s'adaptent les pieds. Une barre arrondie se place dans le cylindre, où elle peut tourner dans tous les sens. A la partie supérieure de cette barre se trouve une roue en fer, où l'on a pratiqué une rainure quadrangulaire pour recevoir la fusée. La longueur de cette rigole est déterminée selon que l'on veut y faire entrer ou non une partie de la baguette.

On peut donner à la fusée l'inclinaison qu'on veut, au moyen du quart de cercle et de la vis de rappel qui sert en même temps à donner de la stabilité au système. Cependant il vaut mieux, surtout lorsqu'on a un large front à foudroyer, tirer plusieurs fusées en même temps. Dans ce cas, le chevalet portatif, représenté fig. 21, pl. II, est préférable.

Si l'on voulait employer au tir des fusées l'affût présenté par le général Hoyer, affût qui est garni de tubes en métal, on ôterait aux fusées leur principal avantage, qui consiste à porter en elles-mêmes leur moteur et à pouvoir être employées où un affût ne pourrait être transporté.

Le général Hoyer ne tire aucune conséquence de l'absence du chlorate de potasse dans la composition des fusées de guerre, et ne fait pas sentir qu'on peut remplacer les obusier par ces dernières. Avec l'emploi de cette matière dans la composition, les fusées satisfaisant aux conditions exposées plus haut, remplaceront avec avantage même les canons dans bien des cas. Cette substitution aura lieu surtout si l'on fait attention que le recul des affûts oblige les canonniers à les reporter en avant après chaque coup et à les pointer de nouveau ; que pendant qu'ils font ces deux opérations, les tireurs de fusées tirent un second coup, parce qu'avec celles-ci il n'y a point de recul et que le chevalet reste immobile. Par conséquent, dans le tir des dernières il y a moins de perte de temps et moins d'incertitude dans le tir ; circonstance très-importante pour les artilleurs, qui souvent, par une fumée épaisse, ne peuvent pointer leurs pièces, et sont par suite obligés d'interrompre leur feu pendant quelque temps ou de tirer au hasard. Cet accident donne, dans certaines positions, la prépondérance à une artillerie sur l'autre, tandis que dans le tir des fusées elle n'a lieu que pour celle qui a le plus d'hommes employés à leur service.

L'homme isolé qui travaille dans un laboratoire ne portera pas la fusée à un degré de perfection tel qu'elle remplisse les conditions exposées plus haut, au moins dans un temps aussi court qu'un comité composé des principaux artilleurs et de savants, mettrait à résoudre ce problème ; car l'officier de guerre le plus expérimenté, qui a le plus de connaissances sur cette matière, et qui possède parfaitement les sciences exactes, travaillant seul, est esclave de ses idées, et sans le vouloir devient égoïste.

Le tireur de fusées, séparé des autres armes, tient ses procédés secrets, soit par égoïsme, soit pour éviter les objections sur un art si imparfait, comme avant la guerre de trente ans on tenait caché l'art de l'artillerie. Lorsque la fabrication des fusées de guerre sera, comme celle des armes de l'infanterie et de la cavalerie (suivant les nécessités indiquées dans la IIe leçon), livrée à un corps spécial qui mettra tout mystère de côté et qui se donnera la peine d'étudier leurs propriétés pour établir un système, le corps destiné à en faire usage sera admis, dans la tactique, parmi les autres armes.

DIX-HUITIÈME LEÇON.

SUR L'APPLICATION DES DIFFÉRENTES ESPÈCES DE TIR.

Un général en chef habile, qui voudra livrer bataille, manœuvrera de manière à attirer son ennemi dans une plaine découverte, afin d'y pouvoir déployer toutes ses forces et donner à chaque arme la facilité d'agir ; c'est alors l'artillerie qui est appelée à produire l'effet le plus décisif par les tirs à boulet de plein fouet, parallèle et de but en blanc, parce que ces espèces de tir ont une certitude suffisante sur un pareil terrain contre le front ennemi, et que les ricochets du tir roulant peuvent encore aller atteindre en arrière la deuxième ligne, et même les réserves. Ces espèces de tir permettent aussi une exécution plus vive du feu (1).

---

(1) Chaque bouche à feu doit être pointée de nouveau après chaque coup, à cause du mouvement nécessaire pour la reporter en avant et le fouettement de la volée ; mais la fumée est souvent un obstacle au pointage. Il serait donc utile qu'il y eût sur le deuxième renfort un plan parallèle à celui qui contient l'axe de l'âme de la bouche à feu, et celui des tourillons, sur lequel on pourrait, au

Comme le tir de l'obusier, aux distances où l'on emploie ceux dont on vient de parler, ne procure aucun effet décisif (Voyez ce qui a été dit dans la leçon précédente), on emploie avec cette bouche à feu le tir courbe, lorsque l'ennemi, dans le combat, se porte en colonne en avant. Mais dès qu'arrivé au but en blanc, il est déployé pour l'attaque, on remplace l'obus par la boîte à balles, qui procure un effet suffisant. Le tir à mitraille avec le canon n'est exécuté que lorsque l'ennemi a dépassé la portée du tir parallèle. Dans l'un et l'autre cas, le tir des fusées peut être employé sans trop perdre de son efficacité, à cause des avantages importants attachés à leur attelage et à leur service (1).

Dans les batailles qui ont lieu par suite d'une rencontre fortuite de l'ennemi ou d'une surprise, on doit employer le tir courbe; car en pareil cas on se bat ordinairement sur un

---

moyen d'une hausse pourvue d'un quart de cercle, mesurer l'angle de tir après le premier pointage, pour lui donner après chaque coup, dans le tir parallèle, la position qu'elle avait auparavant. La hausse avec quart de cercle introduite dans l'artillerie des Pays-Bas remplit parfaitement cet objet.

(1) On peut aussi employer, pour le tir horizontal des fusées de guerre, le chevalet représenté par la fig. 21, planche II. Il suffirait d'y adapter des supports à charnières en *a* pour l'élever, qui, lorsqu'on voudrait employer le tir courbe, seraient placés en *b*. A l'aide de ce mécanisme, on peut tirer les fusées sous des angles tels que leur trajectoire ne s'élève pas au-dessus de la hauteur d'un homme, et cependant on n'a pas à craindre le danger que peut causer le retour d'une fusée qui en ricochant rencontrerait un obstacle dur.

terrain entrecoupé et en partie boisé. Les positions de l'artillerie sont alors bornées à un petit nombre de petits plateaux ; par conséquent on doit tirer plus loin que la limite de la plus grande portée ordinaire de bataille , le tir roulant ne pouvant être appliqué à cause de la nature du terrain. Par les mêmes raisons, on emploiera le tir courbe avec l'obusier ; et les fusées de guerre, placées sur un chevalet, seront lancées sous de petits angles. Dans ces circonstances les pièces doivent être pointées avec toute l'exactitude possible, afin d'en imposer plus à un ennemi qui a un nombre supérieur de bouches à feu, par la justesse des coups que par leur nombre , comme la chose a eu lieu dans le combat remarquable de Montereau près de Chaumont, en 1814. Il semble, d'après ce qui a été dit, qu'il soit très-difficile de lutter, à une distance de 1000 à 1100 pas au plus, avec six bouches à feu contre trente , et dans les derniers moments de tenir avec une seule ; mais si l'on remarque qu'à la distance dont on vient de parler, 2 et même 3 coups sur 100 atteignent un but de neuf pieds de largeur sur autant de hauteur qui forme l'espace occupé par une pièce, on concevra que le problème est moins difficile qu'on ne le pense, lorsqu'on ne se laisse pas étourdir par le sifflement des projectiles ennemis qui passent sur nos têtes, et encore moins aveugler par la poussière et la terre qu'ils nous jettent aux yeux , ni effrayer par les morts et les mourants qui nous entourent.

Pour prouver cette assertion , faire ressortir les avantages que l'on tire de l'emploi des fusées , prouver que dans un combat d'artillerie l'effet mutuel des bouches à feu est très-faible, et que pour l'exécution du feu à de telles distances il faut plus de temps que celui que nous avons dit antérieurement être employé dans les écoles , nous allons rapporter un fait qui a eu lieu dans un combat d'artillerie opiniâtre de plusieurs heures, à l'affaire de Montereau en 1814, où Napoléon, arrivé après midi, pointa lui-même une bouche à feu et dirigea le feu de l'artillerie.

La deuxième batterie à cheval wurtembergeoise, que l'auteur commandait, était dans cette bataille attachée à la brigade du général de Zett; elle était établie à gauche de la chaussée qui de Bray conduit à Montereau, entre cette ville et Motteux. Vers deux à trois heures de l'après-midi, l'empereur Napoléon arriva avec la vieille garde; la première batterie à pied wurtembergeoise, qui était établie à droite de Villaron, sur la hauteur du défilé qui se dirige de cet endroit à Courbeton, avait consommé ses munitions. La deuxième batterie à cheval reçut l'ordre de se porter en avant au trot et de relever cette dernière. Quatre pièces furent placées à environ 150 pas en avant de Villaron, et deux à droite de la chaussée de Paris. A 900 pas en avant se trouvaient 30 à 40 bouches à feu ennemies, qui étaient engagées dans le combat; à 800 ou 1000 pas de celles-ci, se trouvaient encore plusieurs batteries ennemies également engagées dans l'action. Il n'y avait, avec la deuxième batterie à cheval wurtembergeoise, que quelques pièces autrichiennes faisant feu en avant du grand fossé de Surville.

Lorsque cette batterie arriva, il y avait trois quarts d'heure que le feu durait avec une égale vivacité des deux côtés, pendant lesquels l'ennemi mettait ses masses en mouvement sous la protection de son artillerie. Les batteries ennemies, qui s'étaient portées en avant de 600 pas environ, ôtèrent les avant-trains sous notre feu, et leurs troupes continuèrent à s'approcher de nous. Les quatre pièces établies devant Villaron furent par ce mouvement rejetées de 2 à 300 pas en arrière à droite de Villaron. Cette position fut défendue à peu près une demi-heure, après quoi le prince royal de Wurtemberg, par suite du mouvement général des masses ennemies, donna lui-même l'ordre au commandant de la batterie de retirer ses bouches à feu vers la Seine, mais de laisser à celles qui étaient encore engagées le peu de munitions qui restaient.

Enfin il ne resta qu'une pièce en action; elle dut être portée au-dessus de la route qui traverse les vignobles entre Surville et le faubourg, par suite de la prise de Villaron par l'ennemi et du mouvement de son aile droite sur la chaussée de Paris. Là cette pièce put atteindre heureusement cette chaussée près des dernières maisons. Etablie à peu près à 300 pas derrière le pont pour empêcher l'ennemi de déboucher du faubourg de Montereau, elle avait encore à soutenir un feu très-vif d'une nombreuse artillerie placée sur la crête de la hauteur entre Montereau et Surville éloignée de 900 pas.

Vers six heures du soir, au commencement de la nuit, la batterie entière eut encore à soutenir un combat assez court avec l'artillerie ennemie.

Dans leurs mouvements sur la hauteur de Villaron, les batteries se tiraillèrent parfois pendant quelques instants aux distances de 400 et 600 pas.

Malgré cette lutte vive, soutenue contre une artillerie cinq à six fois plus nombreuse, aux distances appropriées aux bouches à feu qui s'y trouvaient employées et quelquefois à de très-courtes distances, la perte de la deuxième batterie dans cette affaire ne fut que de trois hommes morts, deux blessés, six chevaux de selle et sept de trait tués. Aucune pièce ou caisson ne fut démonté. La batterie avait usé toutes ses munitions.

Quand, dans les combats, les plateaux sur lesquels l'artillerie doit s'établir sont espacés de plus de 1000 à 1100 pas, de sorte que l'on ne peut rien attendre de bon du tir élevé, surtout lorsqu'on se sert de pièces en bronze (Voyez ce qui a été dit plus haut à ce sujet), que l'on est séparé par un fleuve, il vaut mieux établir son artillerie dans la vallée avec les autres armes, et obliger par là l'ennemi à mettre la sienne sur le bord du plateau, afin qu'on puisse employer le tir parallèle ou de but en blanc. Le combat du 19 août, dans la vallée Sainte, derrière Smolensk, nous apprend comment on doit faire l'application des différentes espèces de tir. Cette vallée a ses bords escarpés, et elle est fermée par un bois; ce bois était occupé par l'infanterie qui débouchait de la route principale qui conduit de Smolensk à Moscou par la rive gauche du Dniéper. L'ennemi avait établi, pour la défense de la vallée, deux pièces sur le bord du bois, et pour la défense de la route, quatre pièces sur la hauteur qui forme l'embouchure de la vallée.

Le 19 août, l'armée française s'ébranla de Smolensk; le maréchal Ney avec son corps d'armée se porta en avant sur la chaussée de la rive gauche. Le général Junot avec le sien se porta également en avant, mais sur la rive droite; la brigade de cavalerie du général Beurmann, avec une batterie d'artillerie à cheval, fut envoyée en reconnaissance sur la route de Pétersbourg. Le maréchal Ney se trouvant dans sa marche exposé au feu de l'artillerie ennemie, fit établir une batterie de huit bouches à feu sur une hauteur de ce côté de la vallée. Le roi de Naples, avec quelques régiments de cavalerie, s'était hâté de courir après l'arrière-garde ennemie vers Baludino; mais il fut arrêté dans son mouvement par l'infanterie ennemie postée dans les bois à gauche de la chaussée et autour de Baludino. Le maréchal Ney, dont la dernière division avait atteint l'embouchure de la vallée Sainte, fut également arrêté; il établit une batterie de six pièces contre l'artillerie ennemie, à gauche de la chaussée, sur une hauteur opposée, parce que le feu de l'autre batterie, de ce côté, à cause de la distance, était sans efficacité. Le roi de Naples rétrograda promptement de sa personne, fit avancer au trot la brigade Beurmann, et lui donna l'ordre de se porter dans la vallée pour chasser l'infanterie du bois dont elle est entourée, et avec la batterie que l'auteur commandait démonter l'artillerie ennemie placée sur une hauteur au bord de cette vallée. Le but de cette manœuvre était d'atteindre Baludino et d'entourer la route principale pour faire prisonnière l'infanterie qui se trouvait dans les bois tout près de cette route.

La cavalerie combattit dans ce bois avec une grande perte contre l'infanterie, jusqu'à ce que la batterie réussit à démonter une pièce ; dans ce moment l'artillerie ennemie se retira, ainsi que l'infanterie, qui occupait le bois. Le général de division Fouché, commandant l'artillerie du maréchal Ney, exprima son contentement au commandant de cette batterie sur la bonne direction de son feu, et lui manifesta le désir de voir démonter les pièces qui se trouvaient sur la hauteur, près de l'embouchure de la vallée, parce que l'artillerie qui était de l'autre côté avait jusqu'alors tiré sans succès. Ce désir était un ordre pour l'auteur ; il fit tirer sur-le-champ quelques coups de canon de 6 dans le flanc de cette artillerie ; en peu de temps une pièce se trouva démontée ; le reste se retira aussitôt.

La batterie tira, à la distance de 900 à 1,000 pas, 10 obus et 47 boulets de 6, en tout cinquante-sept coups. D'après cela il y eut 3, 6 coups exacts sur 100.

Ici, comme à Montereau, le résultat du tir élevé sur un but donné est conforme à ceux obtenus dans des expériences faites avec soin, d'après ce qui a été dit antérieurement. L'effet du tir contre de l'infanterie et de la cavalerie ressemble à celui obtenu contre un but de seize pieds de long sur neuf de haut.

Ces faits sont incontestables, comme ceux obtenus dans les écoles d'artillerie ; ils prouvent que dans l'application du tir de but en blanc et élevé on ne doit juger de l'effet d'une bouche à feu que par les coups qui ont porté.

TABLE DES MATIÈRES.

Fig.1

Fig.2

Fig.3

Fig.4

Fig.5

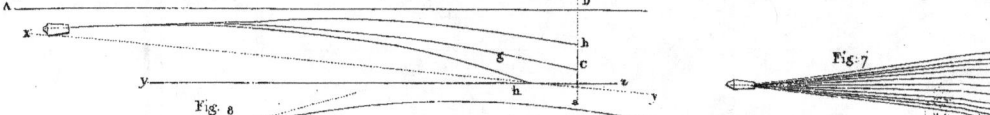

Fig.6

Fig.7

Fig.8

Fig.9

Fig.10

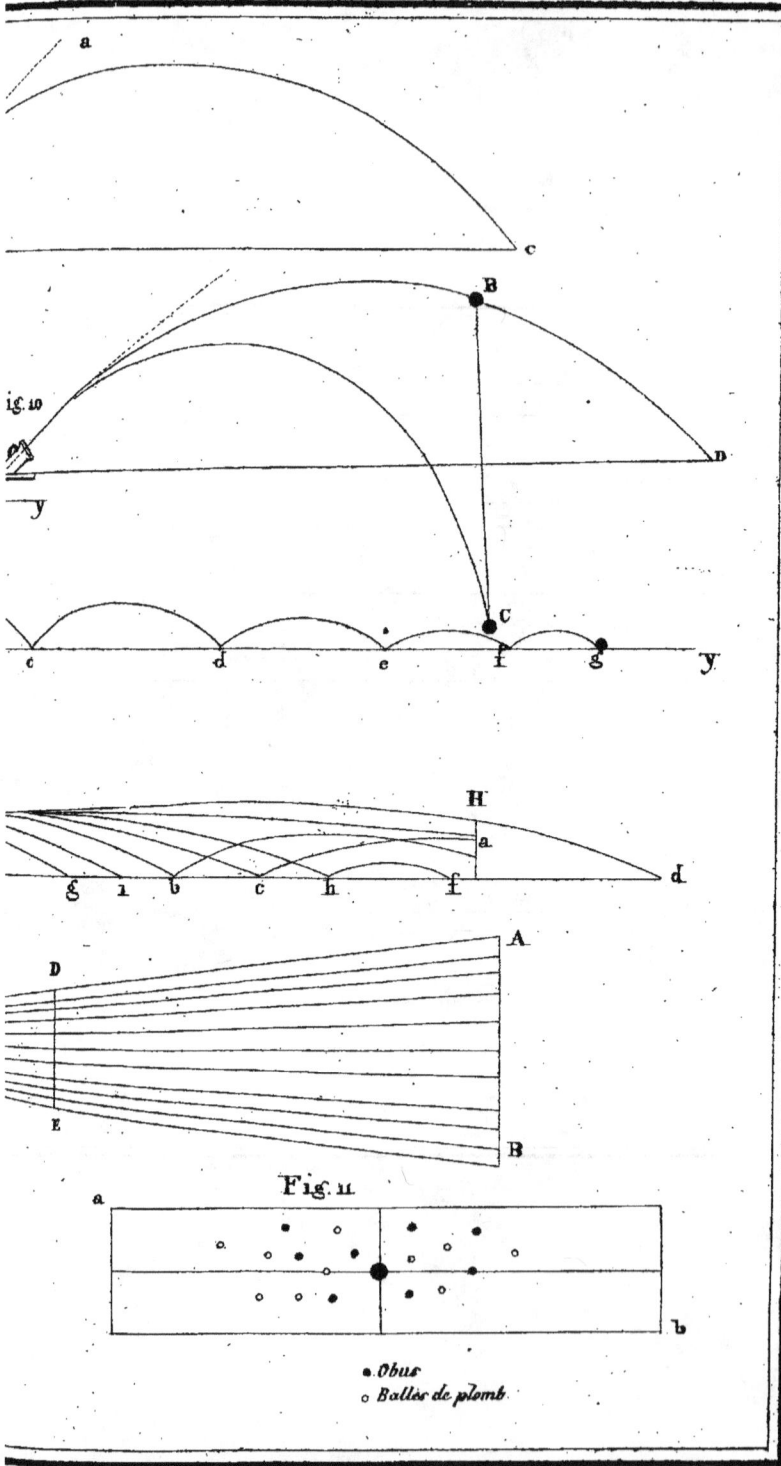

Fig. 10

Fig. 11

● Obus
○ Balles de plomb

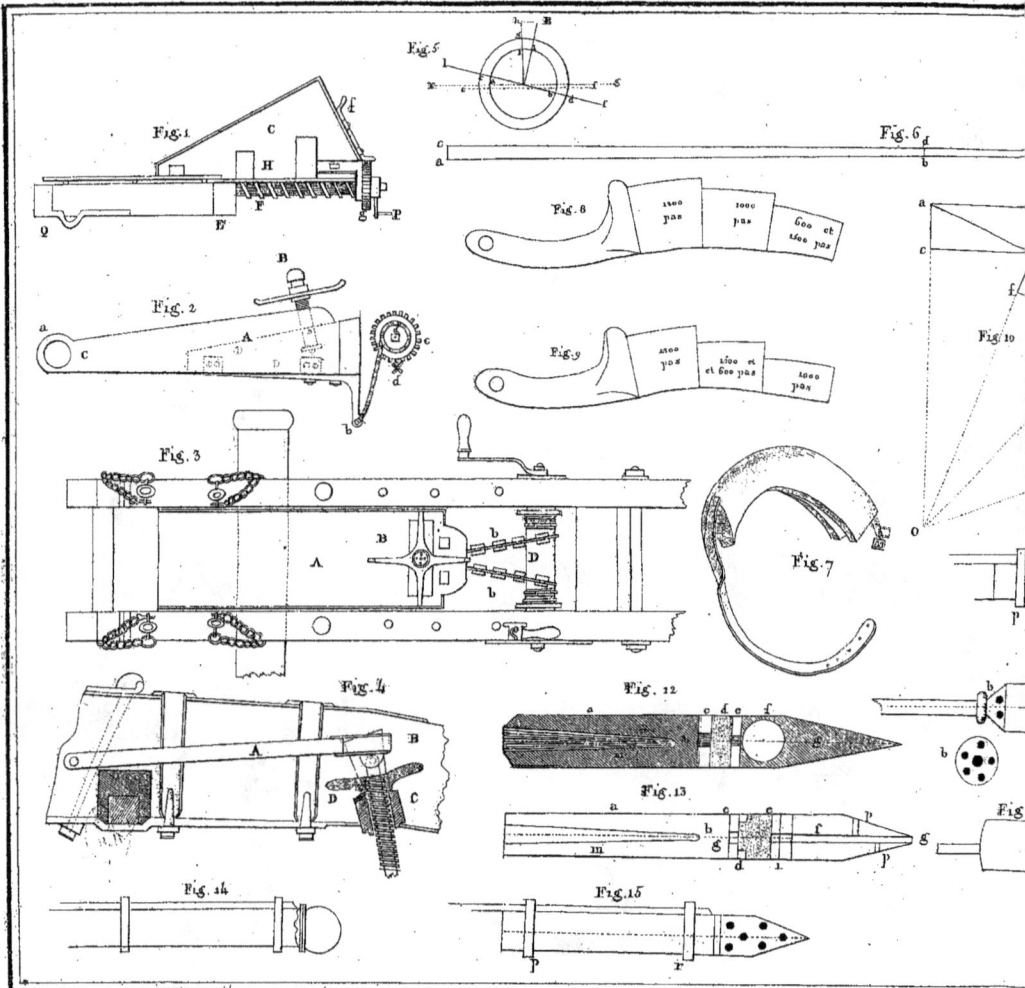

Fig. 1

Fig. 2

Fig. 3

Fig. 4

Fig. 5

Fig. 6

Fig. 7

Fig. 8

Fig. 9

Fig. 10

Fig. 12

Fig. 13

Fig. 14

Fig. 15

Lith. de V.Martens, Rue d'Antin, 6.

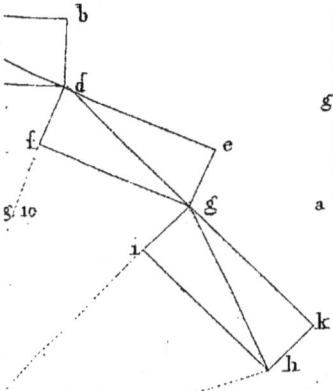

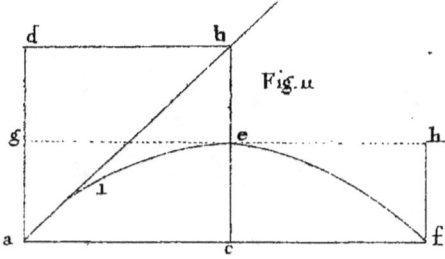

Fig. 11

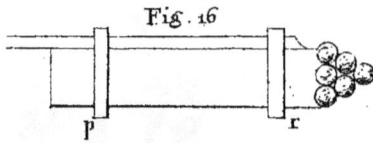

Fig. 16

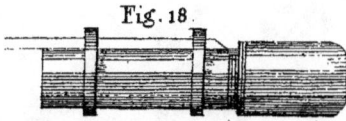

Fig. 18

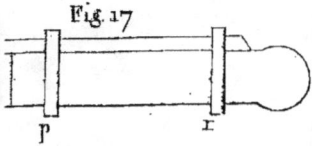

Fig. 17

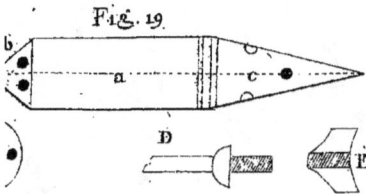

Fig. 19

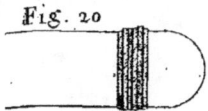

Fig. 20

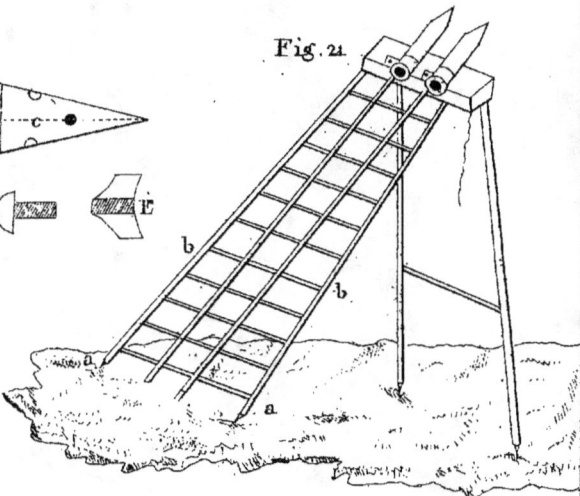

Fig. 21

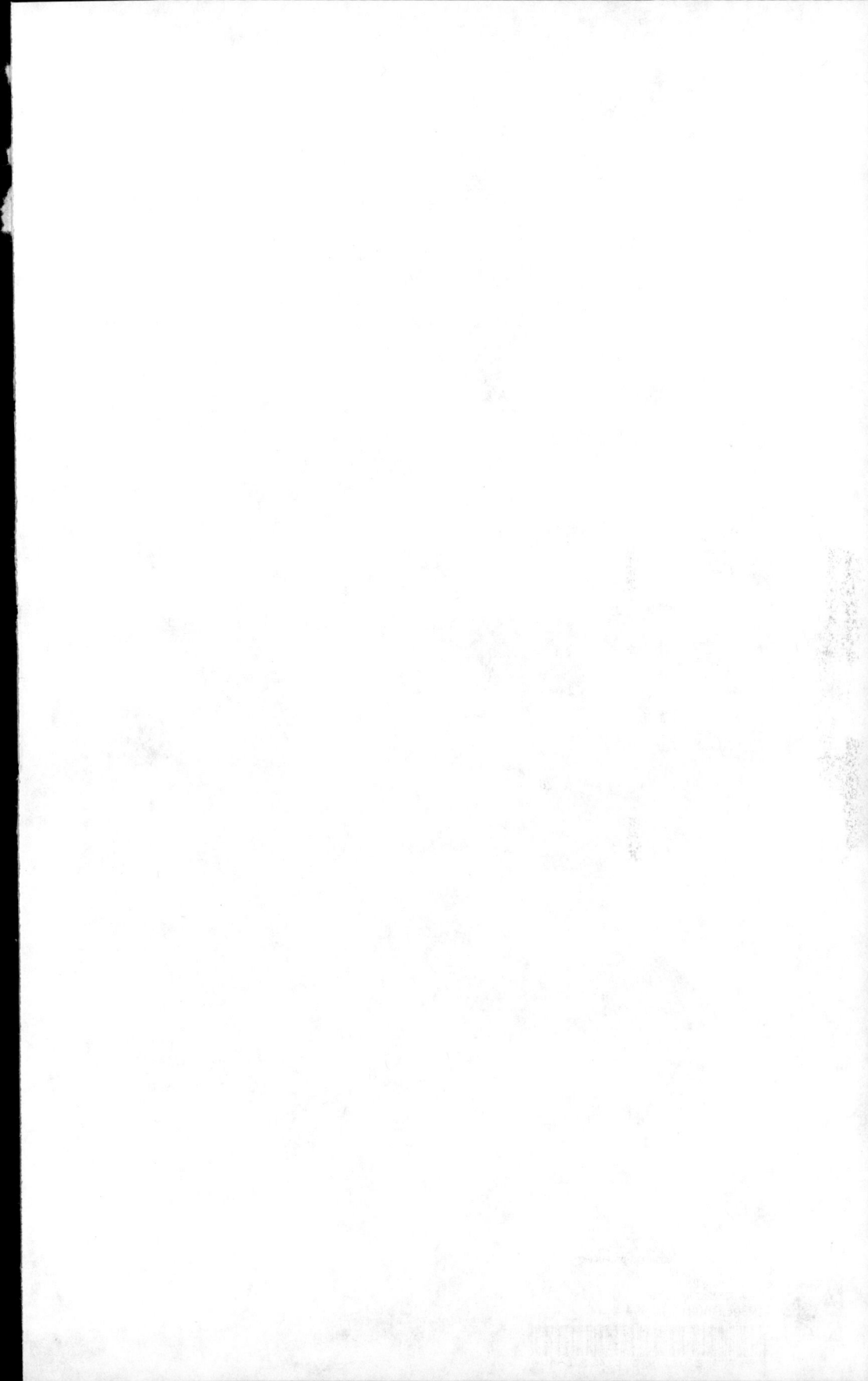

www.ingramcontent.com/pod-product-compliance
Lightning Source LLC
Chambersburg PA
CBHW072225270326
41930CB00010B/1994